工厂行政人事管理工具箱

岑立聪
·编著·

中国铁道出版社有限公司
CHINA RAILWAY PUBLISHING HOUSE CO., LTD.

图书在版编目(CIP)数据

工厂行政人事管理工具箱/岑立聪编著.—北京:中国
铁道出版社有限公司,2021.7
ISBN 978-7-113-27559-4

Ⅰ.①工… Ⅱ.①岑… Ⅲ.①工业企业管理-人事管理
Ⅳ.①F406.15

中国版本图书馆 CIP 数据核字(2021)第 071970 号

书　　名:工厂行政人事管理工具箱
GONGCHANG XINGZHENG RENSHI GUANLI GONGJUXIANG

作　　者:岑立聪

策划编辑:王　佩
责任编辑:王淑艳　　　　编辑部电话:(010)51873022　　　电子邮箱:wangsy20008@126.com
封面设计:末末美书
责任校对:苗　丹
责任印制:赵星辰

出版发行:中国铁道出版社有限公司(100054,北京市西城区右安门西街 8 号)
网　　址:http://www.tdpress.com
印　　刷:三河市兴达印务有限公司
版　　次:2021 年 7 月第 1 版　　2021 年 7 月第 1 次印刷
开　　本:700 mm×1 000 mm 1/16　印张:15　字数:265 千
书　　号:ISBN 978-7-113-27559-4
定　　价:69.80 元

版权所有　侵权必究

凡购买铁道版图书,如有印制质量问题,请与本社读者服务部联系调换。电话:(010)51873174
打击盗版举报电话:(010)63549461

管理需要工具

2000年初，我从政府雇员跨界成为浙江慈溪市某大型制造业工厂的总经办主任，这是我发轫于民企的第一份工作。

行政人事管理工作，换言之，是简单的动作重复做，规范做。

工厂的行政人事管理工作其实也是有规可循的，无外乎招聘入职、在职管理、5S推行、安全管理、验厂、工会事务及工厂、宿舍、食堂、安全保卫管理等方面；本书对所有从事行政人事方向的从业者都有普适性，尤其对初入门者和亟待系统提升自己的行政人事从业者有显著的帮助。行政人事管理，相对来说职业准入门槛较低，而在实务操作中，出现"散打"的现象也比较普遍，执行中明显带有人治的烙印。鉴于此，亟须一本在行政人事管理上能够"对号入座"的实操工具书应急，而本书，则能较好地解决行政人事管理从点到面的相关实操需求，从而少走管理弯路，直达目标！

行政人事管理，是一项系统化的管理工程，虽不能一蹴而就，但借助本工具书，利用相关表单和流程，相信能起到事半功倍的管理成效。

行政人事工作，从来就没有一成不变的管理模式，也没有一劳永逸的管理手段和方法，但万变不离其宗。我相信，读者朋友们通过借鉴本书的相关工具文本，必定能找到适合本企业行政人事管理的最佳结合点。

编写此书，既是本人在企业行政人事管理岗位上的一些方法和做法的系统梳理和总结，同时也是对关注本人所著的《车间人员管理那些事儿》一书的热心读者的一个衷心回馈。

我深信，善鉴者可自明，善行者必致远！

最后,特别感谢我的家人,是他们的理解和支持让我能静下心来做自己感兴趣的事情。

打开书本即是"风景",致即将阅读到此书的读者朋友们!

是为序。

岑立聪

2021 年 2 月于慈溪

①赠送行政办公表单

百度网盘

链接:https://pan.baidu.com/s/1ZruXLjO4X8E5iM7kydpzhg

提取码:z3eo

②扫一扫二维码,可获得本书管理制度与相关表单

目　录

第一章
招聘入职

如何进行电话面试

1. 目的
- 初步了解求职者的能力和业绩,删除明显不符合岗位要求的人;
- 推介公司;
- 说服求职者前来面试;
- 薪酬调查。

2. 注意事项

在电话面试前,先用两分钟浏览简历,如果简历中有时间断档或是有疑问的地方,用铅笔标记出来,在电话面试时,可以有针对性地询问。语气温柔,语速适中,吐词清晰,有平等的对待。

第一部分:自我介绍

- 您好,请问是×××(全名)先生/小姐吗?
- 您好,我是×××人力资源部×××,我姓×××,您之前投过我们×××职位的简历,想花几分钟时间和您做一个简短的沟通,您看您现在方便吗?

第二部分:了解求职者的公司和职位基本情况,了解能力和业绩

- 请问您现在是在职,还是已经离职了?
- 您上家公司的规模大概多大,是做什么产品的,业内地位如何?(特别要了解是实体企业还是代理商)
- 岗位主要职责是?
- 你们公司或者办事处销售人员的平均一年业绩是多少,你自己的业绩怎样?
- 谁是您的报告对象?请问您有下属吗?如有,手下有几个人?

第三部分:了解求职者和我们公司及岗位的适配度

- 您想找一份什么样的工作呢?
- 能说说您对我们这个岗位的理解吗?或者你们现在的工作模式是什么?
- 您对要选择的公司有什么标准吗?

- 请问您为什么要离开上一家公司呢？（如果有服务过几家公司，可以再选择一家公司了解离职原因）
- 您未来3到5年的职业规划是什么？

第四部分：了解求职者的薪酬

- 您原来的薪酬大概有多少？薪酬结构是怎样的？底薪是多少？提成比例是多少？年薪大概多少？（薪酬调查）；
- 介绍我们公司的薪酬结构。

第五部分：推介公司

- 您之前了解过我们公司吗？
- 详细介绍本公司（包括产品、性质、规模、业内地位、竞争优势、企业文化，如果非常了解我们公司就简单介绍，如果不了解，就要详细介绍，特别是公司的优势和亮点）。

根据以上询问，排除不符合标准的面试者：

- 吐字不清或是无法清晰表达自己观点的人；
- 人岗匹配度不高的人；
- 薪资要求与公司不符的人；
- 态度比较冷漠的人及态度比较傲慢的人；
- 明显不符合公司价值观的人；
- 过去的工作经验和我们要求差距太大的人。

电话面试的策略和技巧

1. 招聘人员的电话礼仪

- 身份的确认。在电话沟通时十分忌讳把对方的名字念错，这是十分不礼貌的行为，最好是说出姓名，对于拿不准的字先确认，或者为"姓＋先生/小姐"；
- 面试时间的选择。进行电话沟通时，要选择合适的时间。很多应聘者尚未离职，你的电话可能会给他的工作带来不便，所以就需要我们灵活掌握，通常上午时间都会比较忙，不太适宜电话面试，放在下午效果会更好一点。

在确认对方身份后，就要询问对方是否方便，如果为肯定答案，则继续；如果对方不方便则另约时间。

【案例】　有一次，我给一个应聘者打电话，他接电话时支支吾吾，我就马上说:我换个时间再打给您。对方马上说:好。此时我们也可以先发一个短信知会,说明来意,然后约定下次电话沟通的时间。

- 不要怕重复。对于招聘人员来说,要熟悉流程和应聘者的简历。应聘者在被动地接受信息的时候,是比较紧张的。一次接受那么多信息,不可能全部记住,因此,在电话面试结束前,将面试时间、地点再重复一遍,或者提醒应聘者将信息用笔记下来。
- 语速控制。语速要慢,语气要轻,发音要准确,音量不要太大。
- 不要轻易承诺。跟求职者沟通,不能轻易承诺求职者,如果达不到要求,会让应聘者不爽。

2. 优秀方法推荐

电话确定面试的人员后,再发一封面试通知的邮件给求职者,将公司简介、职位介绍、详细地址、联系人和联系方式告知对方。如果可能的话,再附一张地图。如果条件允许还可以发个手机短信给对方,这样方便及时查阅。

3. 应对求职者问题的准备工作

- 电话考察后如果觉得不合适,就不用主动回答问题,可以说我们会有一个内部评估过程,一般需要两个工作日,如果合适会主动和他联系的。
- 回答问题前必须熟悉公司的情况及职位信息,最好根据其简历情况,说明面试者哪几项能力与这个岗位较为吻合,新岗位有哪些要求。如果对岗位信息不清楚的话,求职者会觉得"你"不专业。
- 电话面试中如何吸引求职者(搜索到的简历进行电话沟通)提前研究简历非常重要,找到对方的需求点。在电话面试中,首先对公司进行介绍,公司发展前景、职位,还有空间。根据个人的需求点切入,这样才能吸引求职者来面试。时间因人、岗位而异,如果不合适,可以马上结束沟通。如果合适,15~30分钟都可以。
- 电话面试对于高层异地求职者,了解对方是否符合公司需求,电话面试很关键。主要从考察项目、职业发展、岗位职责、优劣势与个性特点、离职原因、简历信息核对进行考察。

沟通点主要为基本素质和技术,关注一个人的沟通能力和理解能力,技术水平是否适合岗位需求,我们是否可以达到求职者提出的薪水要求,求职者到岗时间,英文水平等。

4. 提高现场面试的技巧

- 如何提高求职者电话面试通过后,准时赴约到企业面试的概率。
- 跟踪确认,在面试前一天确认求职者是否按时到达;
- 对优秀的候选人,尽量按照对方的时间来安排面试;

- 注意礼仪，尊重对方；
- 面试时要表现真诚、专业并尊重对方，强调这个岗位非常适合他；
- 可以考虑招聘人员与候选人的异性搭配沟通，有些微妙的效果；
- 营造一个轻松的沟通环境。
- 结束面试

对有意向的人选：

"今天跟您的电话沟通非常愉快！下面看看您有什么问题需要了解的？……（解答问题）"，"不知道您明天有没有时间过来我们公司进一步面谈沟通呢？"

对无意向的人选：

"今天主要是和您进行电话沟通，非常感谢您的配合！接下来我们会有一个内部的评估过程，如果我们认为您条件合适的话，会在两个工作日之内再跟您联系，约您到公司进一步面谈好吗？非常感谢您！"

面试技巧——面试官16个经典面试问题与解读

对面试官而言，应聘者的回答将成为是否录取的重要依据。本文对经常出现的一些典型问题进行整理，并给出参考答案。

问题一："请您先自我介绍。"

解读：(1)这是必考题目，在面试流程上应该前置。面试前建议事先以书面形式做好提问备忘。

(2)面试官应注意甄别应聘者介绍的内容与简历是否一致，要重点关注应聘者最近3年的工作履历是否真实。

(3)面试官发问时要直奔主题，在面试发问方式上尽量做到口语化，全程以发问为主。

问题二："谈谈您的家庭情况。"

解读：(1)这对于面试官了解应聘者的性格、想法、心态等有一定的作用，这是招聘单位应该坚持的必问选项。

(2)对应聘者的家庭成员的了解，建议追溯到上两代。

(3)面试官通过对应聘者家庭氛围的描述，发现应聘者与父母和兄弟姐妹关系是否融洽，从中也可从一个侧面推测该员工对企业的忠诚度，同时也可引申出应聘者入职相关岗位后与同事在工作上的配合度。

问题三："你有什么业余爱好？"

解读：(1)面试官可从中了解应聘者8小时外的"兴趣活动"，折射应聘者的性格、观念、心态。面试官通过对应聘者业余爱好的了解，可以帮助应聘者入职后能够更好地融入企业文化。

(2)面试官对说自己没有业余爱好的应聘者要保持理性判断。如果应聘者自称没有业余爱好,面试官应即时多提几个为什么? 同时现场评估该应聘者入职后在工作上是否会存在沟通障碍。

(3)面试官对那些说自己仅限于读书、听音乐、上网的应聘者的发问应多一些深层次"刨根问底",以达到通过现象看本质的目的。

问题四:"你最崇拜谁?"

解读:(1)最崇拜的人能在一定程度上反映应聘者"三观",这是面试官发问的出发点和立脚点。

(2)应聘者假如说自己谁都不崇拜,面试官要考虑应聘者是否存在自大和自我封闭的心态,同时要研判应聘者将来在工作中是否会造成自我孤立?

(3)面试官对应聘者所崇拜的人最好能让他讲出自己崇拜的理由,从而在倾听中发现应聘者的人格和品质是否良好。

问题五:"你的座右铭是什么?"

解读:(1)座右铭能在一定程度上反映应聘者待人接物以及为人处世的态度,同时也能洞察应聘者是否具有团队归属感。

(2)面试官如果遇到应聘者机械地回答"只为成功找方法,不为失败找借口"的座右铭时,应考虑应聘者的主观能动性是否懈怠,做事是否有创新意识等。

问题六:"谈谈你的缺点。"

解读:(1)应聘者一般不会直截了当地说自己没有缺点;有的比较圆滑的应聘者会说自己没有明显的优点,也没有明显的缺点。这时面试官要即时考量应聘者入职后对本职岗位工作动力有多大,是否会积极主动地开展工作。

(2)对于应聘者体现在日常生活和工作中"无关紧要"的缺点,面试官可以把它看成普适性和可包容的缺点即可,不必细究。

(3)有的应聘者在谈起缺点时可能会说自己不喜欢加班,对这个回答,面试官不能一概而论,要透过现象看本质。如果是8小时之内当事人已经高效完成当日的工作,那不喜欢加班也是正常的;如果是应聘者在原单位因个人能力局限而工作效率低下导致加班,则要评估应聘者是否适合目前招聘的这个岗位。

问题七:"谈一谈你的一次失败经历。"

解读:(1)大多数企业都经历过"爬坡过坎"的生存考验,可以说好多企业都是在一次次失败中凤凰涅槃走到今天。应聘者也一样,几乎每个人都有过失败的经历! 面试官对应聘者发问时应考查他失败的原因。

（2）面试官应甄别应聘者失败的经历是内在原因造成的，还是外部原因造成的；是个人能力与岗位不匹配造成的，还是因融入不了团队而掉队。

（3）有的应聘者在失败后，通过同事帮助，及时调整自身状态迅速进入角色，这一点面试官在面试时应区别对待。

问题八："你为什么选择我们公司？"

解读：（1）面试官通过发问，从应聘者的回答中可了解应聘者求职的动机、愿望以及对此项工作的态度。

（2）面试官可从行业、企业和岗位这三个维度来考查应聘者的真实想法。

（3）应聘者一般会说："我十分看好贵公司所在的行业，我认为贵公司十分重视人才，而且这项工作很适合我，相信自己一定能做好。"作为面试官，不能简单地倾听应聘者对公司的溢美之词，而应考查应聘者列举一两个具体实例来加以佐证。

问题九："对这项工作，你有哪些可预见的困难？"

解读：（1）这个提问，是面试官对应聘者的主观能动性、团队合作能力和抗挫折能力的测试，从中可预见应聘者解决问题的能力。

（2）每一项工作都有困难，应聘者如作出以下回答："工作中出现一些困难是正常的，也是难免的，但是只要有坚忍不拔的毅力、良好的合作精神以及事前周密而充分的准备，我相信绝大多数困难都是可以克服的"，面试官应对此持肯定的态度。毕竟，做任何工作，困难是不可避免的。

问题十："如果我们录用你，你将怎样开展工作？"

解读：（1）这个问题是重点考查应聘者对应聘岗位的专业技能、主观能动性、团队协作性的。

（2）面试官对此问题发问时，应关注应聘者对应聘职位的内心真实想法。如有一部分应聘者会说："我开展工作前，首先会听取领导的指示和要求，然后就有关情况进行了解和熟悉，接下来制订一份近期的工作计划并报领导批准，最后根据计划开展工作。"应聘者能说到这个点上也算是踩在节拍上了。

问题十一："与上级意见不一致，你将怎么办？"

解读：这是单项选择题，没有中间选项，应聘者在工作中肯定会碰到与上级意见不一致的情况，面试官在这个环节的发问应重点关注应聘者在与上级的工作磨合中如何保持工作的独立性和完整性。独立性是指作为下级，必须有独当一面的能力，必须提出自己建设性的合理建议和意见；完整性，是指个人服从组织，局部服从全局，与上级意见不一致时，在保留意见的前提下，按照下级服从上级的工作原则，自觉执行上级的工作安排。

问题十二："我们为什么要录用你？"

解读：(1)相比较而言，招聘单位一般会录用这样的应聘者：基本符合条件、对这份工作感兴趣、有足够的信心。

(2)面试官应该着重考查应聘者反向思维正向解题的能力，如果应聘者一时语塞，答非所问，则显示应聘者还没有真正对所应聘的岗位做好职业规划。

(3)有的应聘者会从容应对，诸如："我深信符合贵公司的招聘条件，凭我目前掌握的技能、高度的责任感和良好的适应能力及学习能力，相信能胜任这份工作。我十分希望能为贵公司服务。如果贵公司给我这个机会，我一定全力以赴对本岗位绩效负责！"这是中规中矩的回答，至少，应聘者的精神可嘉。面试官碰到此类应聘者时，应重点加以关注。

问题十三："您能为我们做什么？"

解读：(1)这个话题相对有点务虚，通过发问，面试官能重点考查应聘者的知识面和专业技能以及价值取向、职业忠诚度。

(2)对企业而言，很现实的一点就是投入与产出必须成正比。换言之，在岗位人力投入方面，必须发挥人力效应的最大化，即产出效益必须大于投入的成本。

(3)面试官不妨从企业文化的角度来考量应聘者对这个面试题的理解，如果应聘者与面试官在企业使命、愿景、价值观上能够保持一致，则该应聘者本环节面试基本上是成功了一半。

问题十四："你是应届毕业生，缺乏经验，如何能胜任这项工作？"

解读：(1)面试官对应届毕业生的应聘者提出这个问题时，作为面试官，关注的重点其实并不是应聘者的"经验"，关键看应聘者怎样回答。

(2)对面试官而言，对这个问题的反馈最好要体现出应聘者的诚恳、机智、果敢及敬业。

问题十五："您希望与什么样的上级共事？"

解读：(1)面试官通过对应聘者的"希望"，可以判断出应聘者对自我要求的意识。

(2)面试官在面试时如果发现应聘者回避对上级具体的希望，多谈对自己的要求，则表示应聘对象的执行力和团队融合性较强，此类应聘者入职后会原则性和灵活性兼顾，比较适合助理类的辅助型角色。

(3)"希望与什么样的上级共事？"这是一道假设性选题，面试环节中，面试官与应聘者相互试探。作为应聘者，选择与什么样的上级共事似乎并不现实！面试官在这个环节考查的节点其实是在甄别应聘者的情商是否与上级契合。

问题十六："您在前一家公司的离职原因是什么？"

解读：（1）"您在前一家公司的离职原因是什么？"这是面试过程中的"压轴戏"；很显然，作为面试官，代表招聘单位，重点关注的是"离职原因"，这是在面试环节永远都绕不开的话题！

（2）对这一类对象，面试官必须练就"雾里看花"的"慧眼"。试想，在职场上一旦"三观不合"便轻易离职的应聘者会在新单位能做到稳定发展吗？

（3）鉴于此，面试官在面试时应重点甄别排查应聘者的以下"离职原因"。

①对离职原因语焉不详、避重就轻的，此类员工自我判断能力较差，同一单位老乡朋友离职时容易产生从众心理。

②以自己的好恶为准绳，人为贬低上家单位，对人和事也会主观臆断并掺杂自己的负面感受，如"太辛苦""人际关系复杂""管理太混乱"等。

③以家中有事为借口离职。比如，家里盖房子；家中老人病重或过世；父母催自己相亲等。这些离职理由，十有六七是信口编造的谎言，而且这类员工动不动就找这些理由来急辞工，说走就走，对企业没有向心力和归属感。

④以身体状况作为"离职原因"的：这类离职对象如果情况属实（具体以相关医疗机构出具的证明为准），应该予以理解关怀；有的企业做得比较人性化，在企业内部设立"员工困难关爱基金"，员工因病而身不由己离职时，企业会提供一笔关爱基金给困难员工。

⑤其他原因，如公司效益不好，想换换环境，个人另有发展为"离职原因"的，面试官需要差异化对待，毕竟每个人只要不违背约定俗成的职业道德，都有获得进一步发展的权利。

企业主动履行"告知义务"

事先公示"录用条件""明确考核标准""细化条款"，让员工第一时间知道。招聘内容应避免歧视性条款，比如身高、性别、民族、地域等，否则，将会违反《中华人民共和国劳动法》的相关规定。

保持不同形式、类别的招聘广告一致性，如不一致或差别太大，就会存在隐患。比如，以"不符合录用条件"为由辞退员工，一旦应聘者将招聘广告作为重要的裁量证据，单位会处于不利境地。鉴于此，以下招聘前置环节必不可少。

1. 明确设定"录用条件"

● 使员工明白要求，指明努力方向，有明确的理由和证据不符合录用条件，如必要可进行合法解聘。设定时，要明确化、具体化，从确实能够对员工进行考量的角度描述录用条件，切忌空泛化、抽象化；

- 通过招聘广告中明确"录用条件"，注意将广告存档备查，并保留媒介原件；
- 招聘时向其明示，并要求员工签字确认；
- 建立劳动关系前，通过发放录用通知书的方式向员工明示录用条件，并要求签字确认；
- 劳动合同中约定录用条件或不符合录用条件情形；
- 在岗位说明书中对录用条件进行详细约定，并将岗位说明书作为劳动合同的附件。

2. 明确区分招聘条件与录用条件

- 招聘条件与录用条件有明确区别，签订合同时应当对此职位的具体录用条件、岗位职责进行详细描述，明确告知劳动者并在劳动合同中载明。

3. 明确考核标准

- 如果把岗位职责等要求作为"录用条件"，还必须完善考核制度，明确界定什么是符合岗位职责要求、什么是不符合的，有一个可固化、可量化、可操作的标准，否则再完美的录用条件，也是摆设；
- 在正式签订劳动合同时，用人单位应当告知劳动者，公司在试用期间将如何对其进行考核，考核内容及评分原则，劳动者最终录用将以什么作为客观依据。

4. 主动履行"告知义务"

- 主动履行告知义务。须向劳动者告知以下情况：工作内容、工作条件（场所环境、职业危害情况、岗位安全风险）、工作报酬、用工形式、社保、工作时间、工时制度、休息休假、劳动纪律、考勤、请假、管理制度；
- 在劳动合同中约定，乙方已向甲方充分了解了工作条件内容以及其他相关情况；
- 制作"用人单位基本情况告知函"，将有关情况详细列明在内，并设计一栏填写员工要求了解的情况，出示给员工，要求其签名，并保留证据；
- 对于存在职业危害和特殊危险的岗位，最好单独制定告知书，由员工签字，企业保管；
- 审查求职者相关背景，主动询问相关情况：用人单位告知义务是主动的，而劳动者告知义务是被动的，单位应主动咨询需了解情况；

- 询问情况应与劳动合同直接相关,不得侵犯劳动者的隐私权(含有无异性朋友、是否怀孕等);
- 核实劳动者个人资料的真实性(资格证书、学历证书、工作经历等背景调查);
- 做好证据保全工作。让其在个人简历上签字并声明确保其真实性,包括相关证书复印件署名等,否则将承担相关责任;
- 第一时间确定求职者是否年满 16 周岁。

5.核实求职者是否已与原单位解除劳动关系

必须注意,无论用人单位是否存在过错,是否知道其招用劳动者尚未解除或终止合同,只要存在以下行为,就应当承担连带赔偿责任:

- 招人时,要求其提供与前单位劳动关系结束的证明,并保留复印件,这样方可与其签订劳动合同;如其无法提供相关证明,可要求其提供原用人单位联系方式或证明人,以便进行工作背景调查。对重要技术人员,应向原单位了解是否存在尚未交接的事宜;
- 审查求职者是否存在竞业限制招聘、录用时应注意调查该劳动者是否来自有竞争关系的企业,是否签订了相关协议,并对协议内容进行判断,确认其进入我公司是否违反了相关协议,可要求其作出书面承诺;
- 为预防风险,要求其提供原单位联系方式,可进行相应调查,以防范风险于未然;
- 制作一份员工送达地址确认书,样式如下。

送达地址确认书

员工姓名		身份证号码	
档案编号			
告知事项	（1）员工应当如实填写本人或紧急状态下联系人的送达地址及其他基本信息； （2）本确认的送达地址用于本企业向员工送达各类法律文书或工作文书时使用； （3）员工变更送达地址要及时书面通知本企业人事管理部门； （4）本企业以挂号信方式向员工提供的住址或紧急状态联系人的地址邮寄文件被退回的,视为该文件已向员工本人送达； （5）本企业向员工的公司邮箱或私人邮箱发送各类文件时,自该文件进入邮箱时视为送达； （6）如果员工提供的地址不确切,或不及时告知变更后的地址,使相关文书无法送达或未及时送达的,员工将自行承担由此可能产生的法律后果		

续上表

本人送达地址	送达地址			
	签收人			
	电话		手机	
	传真		邮编	
	私人邮箱		公司邮箱	
紧急状态下联系人送达地址	紧急联系人		与员工的社会关系	
	送达地址			
	签收人			
	电话		手机	
	传真		邮编	
	私人邮箱			
员工确认	我已经认真阅读了本确认书上的告知事项,提供了上栏本人送达地址和紧急状态下联系人送达地址,并保证所提供的送达地址各项内容是正确、有效的。 　　　　　　　　　　　　员工(签名或签章): 　　　　　　　　　　　　年　　月　　日			
备　注				
经办人员签名			经办人联系方式	

　　员工确认其送达地址为:＿＿＿＿＿＿,受送达人为:＿＿＿＿＿＿,确认其他有效的方式为(包括办公系统用户名、微信名、QQ、电子邮箱等):＿＿＿＿＿＿。

　　备注:(1)以上送达方式适用范围包括但不限于各类通知书、告知书、规章制度、工作联系单、诉讼或(劳动人事争议)仲裁文书,送达主体可以是合同各方、人民法院(劳动人事争议、商事)、仲裁委员会及各行政或其他机关。送达主体按照上述送达方式进行送达,视为有效送达;采用邮寄送达的,以文书退回之日视为送达之日;直接送达的,送达人当场在送达回证上记明情况之日视为送达之日;电子送达的,到达之日视为送达之日。

　　(2)上述送达方式、受送达人等发生变更的,变更一方应履行通知义务,因一方当事人送达方式变更后未及时书面告知,导致未能被对方实际接收的,邮寄送达的,以文书退回之日视为送达之日;直接送达的,送达人当场在送达回证上记明情况之日视为送达之日；电子送达的，退回之日视为送达之日。履行送达地址变更通知义务的，以变更后的送达地址为有效送达地址。

谈薪的艺术

招聘人员在招聘面试时，往往谈着谈着把人谈走了。究其原因，一方面是目前各岗位员工确实是难招，企业招聘也由卖方市场向买方市场转型；另一方面，招聘时的谈薪环节也至关重要。俗话说，一句话能让人跳起来，一句话能让人笑起来。招聘面试就看你这个招聘官临场发挥的功夫如何。

应聘人员都是奔着心目中的薪资而来。据我多年的招聘经验判断，同样的薪酬，在同等条件下，200人以上的大中型公司与200人以下的小微企业相比，在招聘上更具竞争力和先发优势。原因有三：一是大中型企业一般都有一整套成熟的操作运营系统，不会出现因企业领导人的喜好而随意偏废；二是大中型企业有约定俗成的企业文化和可持续的节假日福利作支撑，员工在两点一线忙碌的同时还能得到精神和物质上的"实惠"，特别是年轻人，喜欢在年轻人多的热闹场合工作是他们的天性；三是大中型企业在用人机制上的晋升通道相对畅通，能够为员工提供"能者上"的职业平台。

言归正传！我们再回到面试首问谈薪的话题上来，员工第一时间首先会询问你们公司这个岗位工资待遇怎么样（指代月工资）？这个问题貌似老生常谈，但是其实要把话说到应聘者心坎上也非易事，招聘人员可以这样回答：这个岗位上熟练工的最高综合工资可达几千元，这里面的综合俩字其实是大有学问的。你可以把餐补、房补、全勤奖、考核奖、其他特定津贴都汇总到综合工资里面去，当然，如果你介绍的最高综合工资时的前提是不要带有明显的"水分"。因为，一个心智健全的员工头脑中有一笔明白账，如果招聘人员"谎报军情"，产生的后果也就可想而知了，不但员工留不住，而且这个同样在作比较的员工会给你做负能量的广告，会让企业的"人设"崩溃，对正常的招聘反而带来人为的障碍。

以上说的是操作类普工岗位招聘时如何谈薪并让他们接受，接着我再说下对应聘管理类岗位的人员如何谈薪。

管理类岗位招聘相对操作类普工岗位而言又是另外一种情景，因为管理类岗位人员一旦确定，在一个单位的职业生涯相对来说会比操作类普工来得长久，所以在甄选管理类岗位应聘者时在谈薪方面应该有所保留，切忌放弃招聘策略，一味地迎合对方。在谈薪时，招聘人员不妨先回顾该岗位前任的工作内容和范围，以及该前任的工作绩效度；还有别忘了公司对该岗位应聘者的工作目标的期望。切入主题前的"岗位"热身是很有必要的，使招聘方在接下来的谈薪节点占据主动的位置。薪资待遇在面试时是一个不可或缺的核心程序，同样，管理类岗位的应聘者也会在第一时间出招试探公司在此岗位上的最高薪酬。此时，你应遵循低中配的谈薪思路，即不要一下子把岗位薪酬拔升到最高的状态。管理类岗位人员相对稳定，如果招聘的公司明显高出同行业平均薪酬好多，其实也未必能收到实效，因为一步到位的薪酬在实际操作过程中反而起不到应有的作用，面试官心理价位给对方 7 分，谈薪时明确 6 分，年终时另外 1 分作为对工作成果的"加薪"，这样的薪酬模式，于双方而言都是皆大欢喜。反之，面试时承诺 7 分，实际应聘者到手 6 分，或者仍是 7 分，会使应聘者产生薪酬已经碰到天花板，再努力也不过如此的错觉。

如何有效谈薪是留住应聘人员的第一步，切忌在谈薪时随意承诺说大话。因为，你对应聘者信口开河谈薪，对方最多也就在试用期内被你忽悠，一旦发了工资，所有真相必然一清二白。

最后，在谈薪方面要把握"黄金五分钟"的策略，面试官与应聘者一开始即要直奔主题，在有限的时间内反馈最大的信息量，同时，在面试时要掌握"苏格拉底"式的谈话方式，全程以发问为主，面试官全场掌握主动，杜绝被与面试无关的信息干扰。

小贴士

招聘分析常用计算公式

1. 招聘入职率计算公式

招聘入职率＝应聘成功入职的人数÷应聘的所有人数×100%

例如，应聘 30 人，录取 5 人，则：

入职率＝5÷30×100%≈16.6%

2. 月平均人数计算公式

月平均人数＝（月初人数＋月底人数）÷2

例如，月初员工 100 人，月底员工 102 人，则：月平均人数＝（100＋102）÷2＝101（人）

3. 月员工离职率计算公式

月员工离职率＝整月员工离职总人数÷月平均人数×100%

例如，本月离职 3 人，月平均人数 101 人，则：

月员工离职率＝3÷101×100%＝2.97%

4.月员工新进率计算公式

月员工新进率＝整月员工新进总人数÷月平均人数×100％

例如，本月新进员工5人，月平均人数101人，则：

月员工新进率＝5÷101×100％≈4.95％

5.月员工留存率计算公式

月员工留存率＝月底留存的员工人数÷月初员工人数×100％

例如，月底员工102人，月初员工100人，则：

月员工留存率＝102÷100×100％＝102％

本月员工留存率为：102％

6.月员工损失率计算公式

月员工损失率＝整月员工离职总人数÷月初员工人数×100％

例如，本月离职员工3名，月初员工100名，则：

月员工损失率＝3÷100×100％＝3％

7.月员工进出比率计算公式

月员工进出比率＝整月入职员工总人数÷整月离职员工总人数×100％

例如，本月入职员工5名，本月离职员工2名，则：

月员工进出比率＝5÷2×100％＝250％

新员工入职风险管控

在企业招聘过程中，当面试官物色到能够胜任岗位的理想人选后，并非一劳永逸，因为入职过程的丝毫不慎，都可能会导致招聘的夭折甚至引起法律风险，比如薪酬谈判、背景调查、原企业离职手续办理、学历验证、体检报告、合同签订……这些都是入职过程容易引发问题的敏感点。员工入职流程怎样规避法律风险，员工入职风险又该如何防范？

以下是新员工入职风险管控的疑难解答。

（1）员工入职时提供给单位哪些必需的材料？还有如何认证员工文凭的真假呢

解答：这个看公司的要求，高精尖技术产业的企业必然对资历有足够严格的要求，而具体的要求水平应该是公司职能部门或者技术部门所作出的。文凭可以在网上查到，这个不难。入职手续一般分为：①签订合同之前的信息资历登录（各种证件以及各种学历认证等）；②合同签订，定岗定位；③岗位培训（按需进行）；④试用期考核。

（2）应届生入职应该办理哪些手续？

解答：和普通员工入职相比，应届毕业生入职应提交个人档案，但公司并不是一定负有"签就业协议"的责任。

（3）背景调查是否需要员工同意，如何做背景调查效果更好？

解答：可以在员工面试时就填写授权书，将背景调查的授权拿到手。

（4）员工在办理入职的时候，原单位的离职证明无法开出，公司是否可以要求其写承诺书，这样一旦发生纠纷，是不是对企业有利？

解答 1：只能说心理得到安慰。因为作为企业方是有方法、有责任了解员工是不是已经离职了的。因为一旦录用未离职的员工，特别是核心人员，还是很麻烦的。

解答 2：原单位的离职证明在法律层面上很重要，完备的离职证明可以证明：

①该员工已经和前一用人单位终结劳动关系；

②该员工不存在竞业禁止情况；

③聘用该员工不存在涉嫌侵犯其他公司商业秘密情形。

所以承诺书不能代替离职证明，承诺书在追偿情况下会发挥作用。

（5）如果员工入职时跟原先的单位有一些矛盾没有解决，无法提供离职证明，但是我单位领导中意这位员工，认为是人才应该录用，这时有什么办法能够规避以后的风险？

解答：离职证明不是入职的必要条件，这点要首先搞清楚。员工离职才是先决条件，除了员工离职，还需要了解员工是否与前公司签署保密协议等，离职且不涉密的员工即使没有离职证明也是可以入职的。

在现实中，涉密岗位也是很少的。

（6）员工 1 月 1 号入职，但 4 月 1 号才签合同，有什么隐患吗？

解答：员工入职当天就应该签订合同的，否则一旦员工仲裁，公司需要赔偿未签合同期间的双倍工资。

（7）如果员工入职的时候，签订合同上没有标明薪资，对于企业来说会有什么样的风险？

解答：若不能就薪资重新达成协议的话，原则上按公司同等岗位定薪。若公司无同等岗位，按同一地区同行业同等岗位市场平均薪酬定薪。

（8）如果企业让员工自己负责出具体检报告，是否以后会有什么纠纷？另外如果员工有患有癫痫病，是否能作为不能聘用的理由呢？

解答：员工自己出具体检报告，本身没有问题。发现患有癫痫病是否可以辞退，要看入职时在录用条件中是否有规定，劳动合同是如何约定的。同时要注意规避歧视的风险。

(9)新招管理人员入职时,是否可以与其在签订劳动合同时,同时签订培训协议?

解答:所有与工作相关的协议都应在入职时与合同一起签。具体到培训而言,不是每种培训都属于《劳动合同法》中的培训概念。

(10)有些公司会跟新入职的员工规定:入职3天内提出离职的,没有工资;员工也同意了,但是没有书面的文件签字确认,这样的做法有何风险?

解答:没有书面确认就等于没有协议,风险就是要支付工资。

(11)入职的实习生若发生工伤或职业病,如何规避?

解答:实习生进入公司时,公司可以为他们购买保险。

(12)员工在入职后,过了试用期,没有向公司提出任何的离职申请,就直接旷工离职,公司不予结算工资,该如何操作?

解答:应支付。旷工或离职不是延迟或不支付工资的理由。

(13)如果在没有提供离职证明,但经核实,这名员工没有和原单位签订保密协议之类的材料,能否签订劳动合同? 如果在没有离职证明和对员工进行背景调查的情况下与其签订劳动合同,会对本单位产生什么隐患?

解答:与原单位的保密协议是否存在,对后一雇主没有影响。背景调查不是法定义务,而是你为了防范风险采取的管理措施。一般员工没必要做背景调查,专业的背调机构,收费较高。

(14)员工在入职时签订廉洁保证协议和保密协议,能否强制执行?

解答:强制执行是法院执行程序中使用的用语,签订上述提到的协议,可以要求员工按规定遵守,否则可申请协议仲裁。

(15)新员工,尤其是中高层的一些员工,入职时候的背景调查,从可行性角度出发,如何操作更合法,同时也经济、真实。

解答:就可行性而言,高层应当做,不做风险收益比不划算。中层可酌情考虑。

(16)"录用通知书"的基本格式要如何写呢? 怎么才能规避法律风险?

解答:录用通知格式在网上可以找到,但需注意的是,录用通知具有要约性质,一旦发出,待入职员工要在通知中规定的期限内来公司签订合同,通知中规定的工资、职位等条款则不能单方变更,所以入职前调查一定要在通知发出前。

(17)我们是快递公司,操作部员工是不定时工作制,关于这个工时我们已提前告知入职者,书面上怎么写明白呢?

解答:一般当地劳动行政部门要求特殊工时制度备案。备案后,劳动合同中应写明工时制度的内容。

(18)在入职申请表上,我们设计有婚否,孕否的必填项,但之前遇到过这样的情形。有员工在填写婚姻状况和怀孕状况有所隐瞒;有的员工在入职时隐瞒自己已婚的事实,后被公司发现,公司欲以入职时提供欺诈信息解除劳动合同(而且入职申请表上写明了本人必须保证所填内容属实,否则公司有权按公司规定处理),但员工辩称婚姻状况是隐私,公司无权过问。请问公司是否有权解除合同?

解答:是否结婚和是否怀孕作为签订劳动合同的前提条件是违法的,所以公司此类做法无法律效力。

(19)员工劳动合同到期后员工一直没有同意续签,拖了一年多,是否已过了劳动仲裁时效?

解答:如果双方都按照原合同实际履行,继续工作,则有可能成为无固定期限劳动合同。未签订劳动合同时,双倍工资的时效多数仲裁委适用1年的期限。

(20)请问录用通知书是否一定要有薪酬部分的内容,我们公司的目前没有。准备效仿之前的公司在入职的时候发放一份薪酬通知书,这样做可以吗?

解答:不一定要有,但写上有好处。因为很多企业通常会在入职时忘了签合同。这时通知书上的内容就可以成为合同的替代物。

(21)如果在劳动合同中有提到员工要服从集团公司下属子公司之间的调动,此种情况员工是否应无条件服从调动?

解答:工作内容和条件是《劳动合同》的基本条款。且即使在合同中简单地写也是无效的。调动岗位,原则上劳资双方必须协商一致。

(22)员工在试用期内没有为其购买社保,是不是员工举报企业必须得补回来?

解答:是的,公司还需缴纳滞纳金。

(23)在招聘启事中写的待遇,在入职后有的没兑现,用人单位会承担责任吗?

解答:如果在面谈时修正,合同中写明就好。不过若造成员工求职期间的损失,企业是要承担一定赔偿责任。

(24)我们公司合同都是试用期满了才签,这样合适吗?

解答:为规避风险,建议在入职当天就签订劳动合同。

(25)公司跟员工约定2个月试用期,入职后有3~5天的培训,培训合格则正式上岗(培训期有工资),不合格则需要走人(培训期间没有工资),这样企业有什么风险吗？

解答：员工接受了公司的安排，即使培训不合格也是需要支付工资的。

职业危害因素告知书

根据《中华人民共和国职业病防治法》第三十条的规定，现将工作过程中可能产生的职业病危害及其后果、职业病防护措施和待遇等如实告知您并请您签署，在劳动合同期间，您的工作岗位发生变更并且变更岗位存在职业危害因素时，将重新告知并请您签署。您所在区域的岗位，存在职业病危害因素。如防护不当，该职业危害因素可能对您的身体造成一定程度的损害。在本岗位，公司已按照国家有关规定，对职业危害因素采取了职业病防护措施，并对您发放合适的个人防护用品。根据《中华人民共和国职业病防治法》第三十一条的规定，公司将对您进行岗前和在岗期间的职业安全卫生培训，指导您正确使用相关的职业病防护设备和个人职业病防护用品。根据《中华人民共和国职业病防治法》第三十二条的规定，公司应当安排您进行上岗前、在岗期间和离岗时的职业健康检查，并将检查结果如实告知您。您有义务按照公司的要求参加上岗前、在岗期间和离岗时的职业健康检查。职业健康检查费用由公司承担。根据《中华人民共和国职业病防治法》第五十一条的规定，一旦您患上职业病，公司将按照《工伤保险条例》的相关规定执行。根据《中华人民共和国职业病防治法》的规定，您有义务履行以下规定：

(1)自觉遵守用人单位制定的本岗位职业卫生操作规程和制度。

(2)正确使用职业病防护设备和个人职业病防护用品。

(3)积极参加职业卫生知识培训。

(4)定期参加职业病健康体检。

(5)发现职业病危害隐患事故应当及时报告用人单位。

(6)树立自我保护意识，积极配合用人单位，避免职业病的发生。

(7)离职时，应当按照公司的规定参加离职时的职业健康体检。

若因您不恰当履行如上规定的义务，导致本人或者他人的损害，并进而导致公司承担任何支付补偿责任的，公司将有权按该费用的两倍追究您的个人责任。

本人已知道以上法规和企业制度的相关规定，并知道了职业病危害的相关因素，特此确认。

劳动者签名：

年　　　月　　　日

部分职业危害告知卡

作业场所产生铅尘,对人体有损害,请注意防护		
	健康危害	理化特性
粉尘	长期接触生产性粉尘的作业人员,当吸入的粉尘量达到一定数量即可引发尘肺病,还可以引发鼻炎、咽炎、支气管炎、皮疹、眼结膜损害等	无机性粉尘、有机性粉尘、混合性粉尘
注意防尘	应急处理	
	发现身体状况异常时要及时去医院进行检查治疗	
	注意防护	
	作业场所铅尘浓度不得超过: 必须佩戴个人防护用品,按时、按规定对身体状况进行定期检查,对除尘设施定期维护和检修,确保除尘设施运转正常,作业场所禁止饮食、吸烟	
噪声	健康危害	理化特性
	致使听力减弱、下降,时间长可引起永久耳聋,并引发消化不良,呕吐、头痛、血压升高、失眠等全身性病症	声强和频率的变化都无规律,杂乱无章的声音
噪声有害	应急处理	
	使用防声器如:耳塞、耳罩、防声帽等。如发现听力异常,则到医院检查、确诊	
	注意防护	
	利用吸声材料或吸声结构来吸收声能:佩戴耳塞、隔声间、隔声屏,将空气中传播的噪声挡住、隔开	

	健康危害	理化特性
高温	对人体体温调节、水盐代谢等生理功能产生影响的同时，还可导致中暑性疾病，如热射病、热痉挛、热衰竭	热辐射

	应急处理
注意高温	将患者移至阴凉、通风处，同时垫高头部、解开衣服，用毛巾或冰块敷头部、腋窝等处，并及时送医院
	注意防护
	隔热、通风；个人防护、卫生保健和健康监护；合理的劳动休息

	健康危害	理化特性
铅　烟	本岗位生产过程中可能存在铅烟，可能引起职业病的有害气体，经口进入人体，有害健康。主要损害神经、消化、造血系统，表现为口内有金属甜味，头痛、头晕、失眠、多梦、记忆力减退、乏力、贫血等	蓝灰色柔软金属，可溶于硝酸、盐酸

	应急处理
当心中毒	早期诊断，早期治疗，中毒者及时脱离作业岗位
	注意防护
	工作场所空气中时间加权平均容许浓度（PC-TWA）不超过 $0.05\ mg/m^3$，IDLH 浓度为 $700\ mg/m^3$；加强作业场所的通风、确保通风机运行良好、安全设施有效，佩戴齐全防护用品，定期参加体检，工作场所禁止饮食、吸烟

急救电话：120	消防电话：119

入职员工确认表单与测试

入职员工健康保证声明

说明：如无异常健康状况，请在□内打"√"，如有相关病例，须如实填写具体信息。

1.（□有/□无）有无家族精神病史，具体病史为：＿＿＿＿＿＿。

2.（□有/□无）有无旧伤，旧伤部位在＿＿＿＿＿＿＿，受伤程度为＿＿＿＿＿＿＿，伤残等级为＿＿＿＿＿＿＿，最近一次复发时间为＿＿＿＿＿，具体症状是＿＿＿＿＿。

3.（□有/□无）有无过敏症状，具体对＿＿＿＿＿过敏，不良反应为＿＿＿＿＿。

4.距今一年内，有无（□有/□无）受伤，受伤部位是＿＿＿＿＿，受伤程度＿＿＿＿＿。

5.（□有/□无）有无肝炎、肺炎等传染病。

6.（□有/□无）有无心脏病等突发性疾病。

7.（□有/□无）有无其他职业病史和疾病隐患。

对于上述情况的填写，本人确认属实，无任何虚假。

本人承诺：以上健康保证声明如有虚假，一切后果由本人承担。

承诺人：　　　　　身份证号：　　　　　　　　　　时　间：

录用条件确认书参考模板1

岗位名称：　　　　　　员工姓名：

试用期：＿＿＿年＿＿＿月＿＿＿日至＿＿＿年＿＿＿月＿＿＿日

岗位录用条件：

1.诚实守信，具有优良的道德品质是录用首要条件，试用期内员工提交虚假材料的行为属于不符合录用条件；

2.所录用员工身体健康是基本的条件，试用期内，员工患病请假累计超过15天，或非因工负伤医疗期届满，仍不能工作，属于不符合录用条件；

3.具有较强的敬业精神与工作责任心是录用条件之一，试用期内请事假达到或超过3天属于不符合录用条件；

4.遵守公司劳动纪律是录用条件之一，在试用期内出现违纪行为属于不符合录用条件；

---

5. 具有较好的团队合作、沟通协调能力是录用条件之一，若试用期员工所在部门或小组(部门或小组应满足 5 人以上)经民主、公开评议，有三分之二以上其他员工认为试用期员工团队协作、配合能力差，则不符合录用条件；

6. 具有较强的工作能力是录用条件之一，试用期内出现工作过错或失职行为达到两次以上属于不符合录用条件；试用期培训后的培训考核中客观考题得分数低于 85 分不符合录用条件；试用期结束前的工作考核(依据公司绩效考核管理制度中的标准)中考核成绩为 70 分以下的，为不具有胜任工作的能力，属于不符合录用条件。

员工阅读确认：

日期： 年 月 日

录用条件确认书参考模板 2

录用人员：

录用部门/岗位：

在试用期内，劳动者有下列情形之一，即属于不符合录用条件：

1. 工作能力或工作业绩无法达到岗位要求的。(销售人员考核指标：月销售额_____元；非销售人员考核指标：参照岗位说明书)；

2. 向公司提交伪造、变造、骗取的学历、学位、职称证书、资格(技能)证书，以及有关单位或组织出具的各种文书或证明文件等；向公司提交的教育、培训工作与社会经历、应聘人员登记表、员工入职基本情况登记表中所记载内容存在不实的；就与用人单位存在利害关系的事项提供虚假证明或进行虚假描述的。在订立劳动合同过程中有欺骗、隐瞒或其他不真实行为的；

3. 无法按公司要求及时提交社保与档案转移手续，配合公司办理社保关系的；

4. 与原公司未依法解除、终止劳动合同或劳动关系，隐瞒与其他雇主仍存在劳动关系的事实的；

5. 根据与前公司或第三方签订的竞业禁止协议受到竞业限制的约束，或与前公司或第三方之间存在未解决的劳动纠纷的；

6. 试用期内无故迟到、早退或旷工累计达到 3 次或 8 小时及以上者；

7. 与其他公司或第三方有未完结的诉讼等纠纷(含非劳动纠纷)的，对完成本公司工作任务造成严重影响；

8. 试用期内有任何违法犯罪行为，或受到治安管理处罚的；

9. 一次性给公司造成损失达到 2 000 元及以上的；

10. 患有精神病或按国家法律法规规定应禁止工作的传染病；

11. 入职后不同意购买社会保险或不按公司制定的劳动合同版本签订劳动合同；

12.存在不满足劳动合同及公司规章制度中规定的其他情形的。

以上条件明确为不符合录用条件,劳动者在试用期内,符合上述任一种情形的,即视为不符合录用条件的,公司可立即解除劳动合同且无须支付任何补偿。如有不符合录用条件但有意欺瞒导致公司同意其转正的,公司一经查实,保留立即辞退的权利。

本人已经认真阅读上述内容并予以确认,本《录用条件确认书》作为劳动合同的附件。

签名确认:　　　　　　　　　　　　　　　　　　年　　月　　日

录用条件确认书参考模板 3

甲方:＿＿＿＿＿＿＿＿

乙方:＿＿＿＿＿＿＿＿

身份证号码:＿＿＿＿＿＿＿＿＿＿＿＿＿

鉴于双方已经签署劳动合同(编号:＿＿＿＿＿＿＿＿),约定试用期为＿＿＿＿＿年＿＿月＿＿日至＿＿＿＿＿年＿＿月＿＿日。该试用期是甲方与乙方相互了解、相互适应的时期。甲方录用条件系以员工的学识、能力、品格、体格适合其所从事岗位的工作需要为准,为便于乙方了解甲方的录用条件,现特向乙方出具本说明书,将相关录用条件予以告知和说明。

在此期间,如果乙方认为公司的实际状况、发展机会与乙方的预期有较大差距,或由于其他原因决定解除劳动关系的,可以提前3天以书面形式向甲方提出辞职申请,并按甲方规定办理离职手续;同样,如果乙方在试用期存在如下情形之一的,视为不符合甲方的录用条件,甲方有权解除与乙方的劳动关系,并不支付任何经济补偿金。

当有下列情形之一时,为不符合该岗位的录用条件,请仔细阅读:

(1)向公司提供的材料和信息内容有虚假或有隐瞒的;

(2)在试用期满之前,无法按照甲方规定办理入职手续或备齐相关文件的;

(3)患有精神病或按国家法律法规应禁止工作的传染病的,或者身体健康条件不符合工作岗位要求的;或填写虚假体检信息的;

(4)与原用人单位未依法解除、终止劳动合同或劳动关系的;

(5)与原用人单位存在竞业限制约定且在限制范围之内的;

(6)不能按质按量完成工作任务或经试用期考核成绩不合格的;

(7)拒绝接受领导交办工作任务的;

(8)不能胜任本职工作又拒绝接受重新安排工作者;

(9)试用期内连续请假超过3天或迟到超过3次,或者有旷工现象的;

(10)通缉在案或者被取保候审、监视居住的;

(11)隐瞒曾经受过法律处罚或者纪律处分的事实的；

(12)曾经被相关单位开除或未经批准擅自离职的；

(13)未经甲方书面许可不按本合同约定时间到岗；

(14)存在违反《中华人民共和国劳动合同法》情形的；

(15)拖欠其他企业或单位公款尚未清偿的；

(16)存在违反公司规章制度规定情形的。

特此说明！

_____（甲方盖章）

_____年___月___日

试用期录用条件确认函

本人已经收到并详细阅读_____有限公司出具的《试用期录用条件说明书》，并完全知悉和理解该说明书的内容及其法律含义。

特此确认！

确认人（乙方）：_____

日期：_____年___月___日

新员工入厂教育培训综合测试题

（总分 100 分：测试总分 97 分；字迹工整加 3 分）

一、填空题（每小题 2 分，共 6 分）

1.26 个英文字母为：_____。

2.本公司使命、愿景、价值观为：_____。

3.员工必须遵守厂规厂纪，上班要有精气神，按规定穿着佩戴_____

_____不得_____、_____、_____、不得吃_____和带早餐及与工作无关物品，上班严禁_____，违者将给予_____警告。

二、选择判断题（每小题 2 分，共 14 分）

1.作为一个员工，当你做错了事或违反了公司管理制度，公司要处罚你，你能接受吗？（   ）

A. 推卸给别人   B. 强词申辩

C. 知错认罚   D. 拒签罚款单

2. 当出现电线短路起火,你将选择哪一种灭火器材灭火?(　　)

    A. 干粉灭火器　　　　　　　　　B. 水

    C. 石棉毯　　　　　　　　　　　D. 防火沙

3. 当发现有人违章作业时,我们每一位员工都有权(　　)。

    A. 装作没看见　　　　　　　　　B. 立即制止他

    C. 批评他　　　　　　　　　　　D. 和他一起违章

4. 当设备发生异常隐患,你发现后应当(　　)。

    A. 及时上报上级领导

    B. 不关我的事,用坏了自然有人修

    C. 马上找机师停机检查

5. 当陌生工友在外面被人打劫时,你正好路过,你应当怎样做?(　　)

    A. 我是来打工的,虽然和他穿着一样的工衣,是一个公司但我不认识他,
我凭什么要帮他

    B. 干脆躲远一些,不能冒这个风险

    C. 我上去解救他或大声喊社警抓贼

    D. 我偷偷地去附近打 110,让警察杀他个措手不及

6. 当你在路上捡到一张饭卡,而这张饭卡是别人在工业园外快餐店买的月
卡,你应当咋办?(　　)

    A. 设法还给失主　　　　　　　　B. 自己拿去吃

    C. 交给厂领导　　　　　　　　　D. 留在地上不捡

7. 当设备处于发热状态,要擦洗上面的油污,(　　)。

    A. 马上用汽油去擦　　　　　　　B. 用天那水或开油水

    C. 待冷却后再去擦

三、名词解释(每小题 5 分,共 20 分)

1. 5S 管理

2. 全勤奖

3. 三不伤害

4. 三不放过

四、问答题(每小题 4 分,共 20 分)

1. 请简述公司主要生产哪些产品?生产的产品有哪些具体工序?

2. "防范胜于救灾"应怎样理解?

3. 员工的岗位职责是什么?

4. 到工厂里,你准备学会哪些专业知识或者怎样提升自己?(发挥题)

5. 怎样理解"敬业爱岗"?

五、思考题(发挥题 20 分)

请结合本岗位情况,详细谈谈你今后打算怎样为工厂做好安全和节约工作,怎样保证提高自己的工作责任心与工作效率?

六、附加题(20 分)

请你谈谈在车间与宿舍或在社会上应具备怎样的环保意识和法律意识?

员工自律能力测试

——回答"是"或"否"即可

1. 当你因为娱乐耽误了计划好的重要工作,你会不会后悔?

2. 当被人要求做一件事情,并且你知道这件事情有很大的难度时,你是否会认为这是一项有趣的挑战?

3. 如果某项工作应当在当月 5 日完成,但你知道即使 6 日完成也没有人批评你,你会在 5 日完成吗?

4. 你经常仔细地计划你的资金吗?

5. 你通常能准时缴付各种账单吗?

6. 你是否善于记录、存放各种资料?

7. 如果你需要用某一证件,你能否在一两分钟内找到它?

8. 如果你需要赶一项任务,你能否一连数天都每天工作 12 小时以上?

9. 你是否经常主动做一些分外工作?

10. 你能长时间自动自发地工作吗?

11. 你是否在没有人要求下,为自己设定工作目标及完成截止日期?

12. 你是否经常计划如何使用你的时间?

13. 你今天是否做了时间支配计划?

14. 如果某件事你不乐意做,但有上司要求你做,你会拒绝吗?

15. 你总是能专注地工作,而不会受外界干扰吗?

16. 如果某项工作很重要,即使没有人强迫你,你也会自发地做好它吗?

17. 有一项重要的工作需要加班,而这天晚上恰又有你非常喜爱的球赛,你会选择加班吗?

18. 碰上棘手的难题时,你总是首先想办法自己解决吗?

19. 你需要一些资料却无法得到,你会立即找人提供帮助吗?

20. 你有多次决心做某件事,却最终因为主观原因没有做成的情形吗?

注解:

几乎每一项工作都是离不开自律能力的,尤其是营销人员等岗位,他们的活动范围广而不确定,时间也是自己安排和支配,如果缺乏自律能力,必然做不出业绩来。

招聘和选拔人才时,自律能力同样是重要的考虑因素。本测试为这一行为提供依据。

评价:

回答"是"得1分,回答"否"得0分。得分15~20分者,自律能力强;得分10~14分者,自律能力一般;得分5~9分,自律能力较差;得分在5分以下,自律能力就太差了。

第二章
在职管理

入职后员工合同管理

签订书面劳动合同是劳资关系确立的第一要事，有的企业未雨绸缪，在新员工入职当日起就签订劳动合同，笔者也很赞同这种"急就章"的签订模式，如果企业在试用期内不能顺利签订劳动合同，那么对企业用工会带来一定的风险。在此，建议企业在用工时务必第一时间与员工订立劳动合同，借此规避不必要的合同风险。

订立劳动合同通知书模板

_____ ：

因您入职后尚未与公司订立书面劳动合同，请您收到本通知书之日起三个工作日内，到公司人力资源部协商订立书面劳动合同，逾期不订立的，公司将依法终止劳动关系。

拟订立的劳动合同内容如下：

合同期限：

工作内容：

工作地点：

劳动报酬：

特此通知

年　　月　　日

员工签收　　　　　　　　签收时间

（本通知一式两份，双方各执一份）

劳动合同范本

劳 动 合 同

（通 用）

甲方(用人单位)：_____

乙方(劳 动 者)：_____

签 订 日 期：_____年_____月_____日

注 意 事 项

一、本合同文本供用人单位与建立劳动关系的劳动者签订劳动合同时使用。

二、用人单位应当与招用的劳动者自用工之日起一个月内依法订立书面劳动合同，并就劳动合同的内容协商一致。

三、用人单位应当如实告知劳动者工作内容、工作条件、工作地点、职业危害、安全生产状况、劳动报酬以及劳动者要求了解的其他情况；用人单位有权了解劳动者与劳动合同直接相关的基本情况，劳动者应当如实说明。

四、依法签订的劳动合同具有法律效力，双方应按照劳动合同的约定全面履行各自的义务。

五、劳动合同应使用蓝、黑钢笔或签字笔填写，字迹清楚，文字简练、准确，不得涂改。确须涂改的，双方应在涂改处签字或盖章确认。

六、签订劳动合同，用人单位应加盖公章，法定代表人(主要负责人)或委托代理人签字或盖章；劳动者应本人签字，不得由他人代签。劳动合同由双方各执一份，交劳动者的不得由用人单位代为保管。

甲方(用人单位)：＿＿＿＿＿＿＿＿＿＿＿＿＿＿＿＿＿＿＿＿

统一社会信用代码：＿＿＿＿＿＿＿＿＿＿＿＿＿＿＿＿＿＿＿

法定代表人(主要负责人)或委托代理人：＿＿＿＿＿＿＿＿＿＿

注册地：＿＿＿＿＿＿＿＿＿＿＿＿＿＿＿＿＿＿＿＿＿＿＿＿＿

经营地：＿＿＿＿＿＿＿＿＿＿＿＿＿＿＿＿＿＿＿＿＿＿＿＿＿

联系电话：＿＿＿＿＿＿＿＿＿＿＿＿＿＿＿＿＿＿＿＿＿＿＿＿

乙方(劳动者)：＿＿＿＿＿＿＿＿＿＿＿＿＿＿＿＿＿＿＿＿＿

居民身份证号码：＿＿＿＿＿＿＿＿＿＿＿＿＿＿＿＿＿＿＿＿＿

(或其他有效证件名称＿＿＿＿＿＿＿证件号：＿＿＿＿＿＿＿＿)

户籍地址：＿＿＿＿＿＿＿＿＿＿＿＿＿＿＿＿＿＿＿＿＿＿＿＿

经常居住地(通信地址)：＿＿＿＿＿＿＿＿＿＿＿＿＿＿＿＿＿＿

联系电话：＿＿＿＿＿＿＿＿＿＿＿＿＿＿＿＿＿＿＿＿＿＿＿＿

根据《中华人民共和国劳动法》《中华人民共和国劳动合同法》等法律法规政策规定，甲乙双方遵循合法、公平、平等自愿、协商一致、诚实信用的原则订立本合同。

一、劳动合同期限

第一条 甲乙双方自用工之日起建立劳动关系，双方约定按下列第＿＿＿种方式确定劳动合同期限：

1.固定期限：自＿＿＿年＿＿＿月＿＿＿日起至＿＿＿年＿＿＿月＿＿＿日止，其中,试用期从用工之日起至＿＿＿年＿＿＿月＿＿＿日止。

2.无固定期限:自_____年_____月_____日起至依法解除、终止劳动合同时止,其中,试用期从用工之日起至_____年_____月_____日止。

3.以完成一定工作任务为期限:自_____年_____月_____日起至工作任务完成时止。甲方应当以书面形式通知乙方工作任务完成。

二、工作内容和工作地点

第二条 乙方工作岗位是_____,岗位职责为_____。乙方的工作地点为_____。

乙方应爱岗敬业、诚实守信,保守甲方商业秘密,遵守甲方依法制定的劳动规章制度,认真履行岗位职责,按时保质完成工作任务。乙方违反劳动纪律,甲方可依据制定的劳动规章制度给予相应处理。

三、工作时间和休息休假

第三条 根据乙方工作岗位的特点,甲方安排乙方执行以下第_____种工时制度:

1.标准工时工作制。每日工作时间不超过 8 小时,每周工作时间不超过 40 小时。由于生产经营需要,经依法协商后可以延长工作时间,一般每日不得超过 1 小时,特殊原因每日不得超过 3 小时,每月不得超过 36 小时。甲方不得强迫或者变相强迫乙方加班加点。

2.依法实行以_____为周期的综合计算工时工作制。综合计算周期内的总实际工作时间不应超过总法定标准工作时间。甲方应采取适当方式保障乙方的休息休假权利。

3.依法实行不定时工作制。甲方应采取适当方式保障乙方的休息休假权利。

第四条 甲方安排乙方加班的,应依法安排补休或支付加班工资。

第五条 乙方依法享有法定节假日、带薪年休假、婚丧假、产假等假期。

四、劳动报酬

第六条 甲方采用以下第_____种方式向乙方以货币形式支付工资,于每月_____日前足额支付。

1.月工资_____元。

2.计件工资。计件单价为_____,甲方应合理制定劳动定额,保证乙方在提供正常劳动的情况下,获得合理的劳动报酬。

3.基本工资和绩效工资相结合的工资分配办法,乙方月基本工资_____元,绩效工资计发办法为_____。

4.双方约定的其他方式_____。

第七条 乙方在试用期期间的工资计发标准为_____或_____元。

第八条 甲方应合理调整乙方的工资待遇。乙方从甲方获得的工资依法承担的个人所得税由甲方从其工资中代扣代缴。

五、社会保险和福利待遇

第九条　甲乙双方依法参加社会保险,甲方为乙方办理有关社会保险手续,并承担相应社会保险义务,乙方应当缴纳的社会保险费由甲方从乙方的工资中代扣代缴。

第十条　甲方依法执行国家有关福利待遇的规定。

第十一条　乙方因工负伤或患职业病的待遇按国家有关规定执行。乙方患病或非因工负伤的,有关待遇按国家相关规定和甲方依法制定的规章制度执行。

六、职业培训和劳动保护

第十二条　甲方应对乙方提供工作岗位所必需的培训。乙方应主动学习,积极参加甲方组织的培训,提高职业技能。

第十三条　甲方应当严格执行劳动安全卫生相关法律法规规定,落实国家关于女职工、未成年工的特殊保护规定,建立健全劳动安全卫生制度,对乙方进行劳动安全卫生教育和操作规程培训,为乙方提供必要的安全防护设施和劳动保护用品,努力改善劳动条件,减少职业危害。乙方从事接触职业病危害作业的,甲方应依法告知乙方工作过程中可能产生的职业病危害及其后果,提供职业病防护措施,在乙方上岗前、在岗期间和离岗时对乙方进行职业健康检查。

第十四条　乙方应当严格遵守安全操作规程,不违章作业。乙方对甲方管理人员违章指挥、强令冒险作业,有权拒绝执行。

七、劳动合同的变更、解除、终止

第十五条　甲乙双方应当依法变更劳动合同,并采取书面形式。

第十六条　甲乙双方解除或终止本合同,应当按照法律法规规定执行。

第十七条　甲乙双方解除终止本合同的,乙方应当配合甲方办理工作交接手续。甲方依法应向乙方支付经济补偿的,在办理工作交接时支付。

第十八条　甲方应当在解除或终止本合同时,为乙方出具解除或者终止劳动合同的证明,并在 15 日内为乙方办理档案和社会保险关系转移手续。

八、双方约定事项

第十九条　乙方工作涉及甲方商业秘密和与知识产权相关的保密事项的,甲方可以与乙方依法协商约定保守商业秘密或竞业限制的事项,并签订保守商业秘密协议或竞业限制协议。

第二十条　甲方出资对乙方进行专业技术培训,要求与乙方约定服务期的,应当征得乙方同意,并签订协议,明确双方权利义务。

第二十一条　双方约定的其他事项:＿＿＿＿＿＿＿＿＿＿＿＿＿＿＿＿＿＿＿＿。

九、劳动争议处理

第二十二条　甲乙双方因本合同发生劳动争议时,可以按照法律法规的规定,进行协商、申请调解或仲裁。对仲裁裁决不服的,可以依法向有管辖权的人民法院提起诉讼。

十、其他

第二十三条 本合同中记载的乙方联系电话、通信地址为劳动合同期内通知相关事项和送达书面文书的联系方式、送达地址。如发生变化,乙方应当及时告知甲方。

第二十四条 双方确认:均已详细阅读并理解本合同内容,清楚各自的权利、义务。本合同未尽事宜,按照有关法律法规和政策规定执行。

第二十五条 本合同双方各执一份,自双方签字(盖章)之日起生效,双方应严格遵照执行。

甲方(盖章)_____   乙方(签字)_____

法定代表人(主要负责人)_____

或委托代理人(签字或盖章)_____

    年   月   日   年   月   日

超过一个月补签劳动合同模板

_____:

因您尚未与公司订立书面劳动合同,请您收到本通知书之日到公司人力资源部协商补订书面劳动合同,逾期不补订的,公司将依法终止劳动关系。

拟不订的劳动合同主要内容如下:

合同期限:_____

工作内容:_____

工作地点:_____

劳动报酬:_____

特此通知

员工签收   签收时间

(本通知一式两份,双方各执一份)

终止劳动关系通知书模板

_____：

　　因您在公司通知后仍不与公司补订书面劳动合同，现依据《中华人民共和国劳动合同法实施条例》的规定，决定与您终止劳动关系，请您收到本通知书之日到人力资源部门办理终止劳动关系手续。

　　员工签收　　　　　　　　　　　签收时间

　　（本通知一式两份，双方各执一份）

劳动合同变更协议书

　　甲方：

　　乙方：

　　甲乙双方平等自愿、协商一致，对双方在_____年_____月_____日签订的劳动合同第_____条第_____款作如下变更：

　　一、变更后的内容

　　第二条　根据甲方工作需要，经双方协商同意，甲方安排乙方在项目管理部从事相关工作。

　　二、本协议书经甲、乙双方签字（盖章）后生效。

　　三、本协议书一式两份，甲、乙双方各执一份。

　　甲方：　　　　　　　　　　　乙方（签字）：

　　法定代表人：

　　年　　月　　日　　　　　　　年　　月　　日

劳动合同续签通知书

_____同志：

你与公司签订的劳动合同将于_____年_____月_____日到期届满。根据合同期间你在公司的综合表现，经公司研究决定，同意与你续签劳动合同。请你于_____年_____月_____日前到厂部办公室协商办理续签劳动合同事宜。如你未于_____年_____月_____日前到厂部办公室协商办理续签劳动合同事宜，则视为你不同意续签劳动合同。

特此通知

行 政 部

_____年_____月_____日

签收：　　　　　　日期：

劳动合同补充协议

甲　方：

乙　方：

甲、乙双方于_____年_____月_____日签订《劳动合同》，为具体明确双方的权利义务，现经双方平等协商达成如下补充协议，以供双方共同遵照履行。

一、工作内容

1. 乙方同意根据甲方工作需要，担任_____工作；

2. 甲方有权根据本单位的经营状况和乙方的能力、表现及甲方的规章制度，合理调整乙方的工作岗位或职务，乙方应当服从。

二、工作时间和休息休假

1. 甲方严格实行每天8小时工作制，平时不需要安排乙方加班，乙方每周工作5天；

2. 甲方因生产需要，每周可能安排乙方加班1天，休息日加班，则按法律规定支付休息日工作的加班费。

三、劳动报酬

1. 乙方的工资为计件工资制。公司具体计件工资单价和计算方式作为计算劳动报酬的依据，对此乙方明确表示遵照执行；

2. 乙方的工资由计价工资及加班费两部分组成，由于甲方执行计件工资制度，若逢生产淡季，产量无法满足计件生产的，经双方协商，乙方的基本工资为_____人民币；

3. 每年 6 月至 10 月,甲方将按国家法律的规定向乙方发放高温补贴;

4. 甲方于每月_____日前向乙方发放上月工资,乙方在签收工资表时应核对工作时间及工资项目,若有异议应在十日内向甲方提出,否则视为无异议。

四、其他约定的内容

1. 乙方在签订本合同时,甲方已如实告知、交付并组织乙方学习了甲方制定的规章制度和劳动纪律;乙方已经全面知悉并理解甲方制定的规章制度和劳动纪律的内容并自愿遵守;

2. 乙方违反规章制度和劳动纪律的,甲方视违反情节,依据法律和单位的规章制度、劳动纪律的规定进行处理,直至解除劳动合同;

3. 其他未尽事项约定:_____

_____

_____。

五、本补充协议作为原劳动合同的补充,与原劳动合同具有同等效力。本补充协议一式一份,双方签章后生效。

甲方: 乙方:

代表人:

　　年　　月　　日　　　　　　年　　月　　日

专项技术培训协议书(样式)

甲方:

乙方:

姓名: 年龄: 性别: 出生: 年 月 日

学历: 专业: 身份证号码:

鉴于甲方对乙方提供支出专项培训费用的专业技术培训,甲乙双方就服务期事宜订立如下协议:

一、定义

专项培训费用包括有支付凭证的培训费用、培训期间的差旅费以及因培训产生的用于乙方的其他直接费用的总和。

二、服务期限

1. 为确保员工专项技术培训的顺利进行,甲方将承担乙方以本次专项技术培训为目的的培训总费用。乙方培训结束后应对甲方承担相应的服务期,服务期不得短于_____年,否则按违约处理,服务期从乙方培训结束之日算起。

2.若甲方与乙方约定的服务期限长于劳动合同期限的,劳动合同期满后由甲方终止合同的,甲方将不再追索乙方服务期的赔偿责任,劳动关系依法终止。劳动合同期满时,甲方要求乙方继续履行服务期的,劳动合同续延至服务期满。乙方违反约定的,应当承担赔偿责任。

三、赔偿责任

1.培训期间,出现以下任一情况,乙方须在该情况发生之日起的15个工作日内返还甲方为其支付的培训费用。

(1)乙方由于违反有关法律、法规,甲方的规章制度,或专项技术培训方的规章制度而被终止培训的;

(2)乙方由于自身的原因中途辞职的;

(3)乙方培训结束后未达到培训效果的。

2.在合同期内,出现以下任一情况,乙方须按以下公式返回甲方为其付出的培训费用。返回费用须在乙方办理离职手续时一次性结清。

$$赔偿费用＝培训总费用×(1-已履行服务期年限÷服务期年限)$$

(1)甲方依法解除与乙方的劳动合同的。

①乙方严重违反甲方的劳动纪律或规章制度,应当受到解除劳动合同处理的;

②乙方严重失职对甲方的利益造成重大损害的;

③乙方被依法追究刑事责任、劳动教养或受到公安机关拘留处罚的。

(2)乙方因任何原因提出辞职、离职的。

四、甲方、乙方保证信守本协议,如一方违约,违约方将承担由此而造成守约方的实际损失。

五、本协议是甲方与乙方劳动合同的补充,与劳动合同具有同等的法律效力,本协议与劳动合同不一致的条款,视为对劳动合同的变更。

六、本协议中所有条款均为双方当事人协商一致的真实意思表示。

七、本协议一式两份,双方各执一份,在双方签字后生效。

甲方(盖章):

法定代表人(签字):　　　　　　　　　　签订日期:

乙方(签字):　　　　　　　　　　　　　签订日期:

培训服务协议书(样式)

甲方:××集团有限公司

乙方:

甲乙双方根据平等自愿的原则,达成以下培训协议,此协议与劳动合同具有同等法律作用,任何一方违反本协议,对方均有追究赔偿损失及法律责任的权利。

一、甲方的权利与义务

1.根据乙方自愿申请和公司有关部门的推荐,甲方同意乙方参加＿＿＿＿＿＿＿＿培训学习。

2.本次培训由甲方为乙方提供培训学习费用预计＿＿＿＿＿＿元人民币(大写＿＿＿＿＿＿)(包括路费、食宿费及其他各类实际发生的费用按乙方所报销的实际票据统计)。

3.甲方负责为乙方提供办理参加培训的必要手续和条件。

4.在乙方参加培训期间,甲方负责为乙方协调各方面与培训相关的关系,做好乙方生活安排,以便更好地完成培训任务。

5.培训结束后,甲方组织有关培训部门对乙方的培训结果进行综合评价。

6.对参加完培训之后的人员,甲方将其作为技术骨干在今后的后备干部提名、任职、待遇等方面,将予以优先考虑。

二、乙方的责任与义务

1.乙方自愿参加甲方组织的上述培训学习,愿意接受甲方所提供的条件与费用,并遵守本协议所约定的条款。

2.培训期间,乙方需努力掌握培训的相关知识或达到培训的目标要求,乙方在培训中务必掌握技术要点,并认真详细记录。

3.培训期间,乙方必须服从培训组织领导的工作、学习安排,遵守公司、主办单位或委托培训单位的各项管理制度,积极维护公司形象和利益,遵守法律法规。如果由于自己不慎或故意导致自身或甲方利益受损的,所有赔偿均由乙方承担。

4.乙方参加完培训之后,必须服从甲方安排,到甲方指定岗位工作,乙方为甲方服务年限为＿＿＿＿＿年,即从＿＿＿＿＿年＿＿＿＿＿月＿＿＿＿＿日至＿＿＿＿＿年＿＿＿＿＿月＿＿＿＿＿日,若因甲方内部变更,需缩减合同时间,则以甲方变更为准。

5.签订培训协议后又再次参加甲方安排的外部培训者,必须重新签订协议,按照新的服务期限执行。

三、甲乙双方其他约定

1.乙方单次或年累计培训费超过3 000元(含),中层管理单次或年累计培训费超过5 000元(含),以及个人自费培训结业后,公司给予报销的均须与公司签订外部培训协议,并约定为公司继续服务的期限。

2.服务期限界定将外部培训结束时间作为服务期限的起始时间。实施劳动合同后，按劳动合同的终止时间作为服务期限的起始时间。

3.乙方在培训协议规定的服务期限届满前，非正当、合理原因，未经甲方批准而辞职，或正当原因被公司辞退除名的，应按《附件1:培训违约计算方法》规定赔偿。

4.乙方在培训期间，如出现违反有关规定，未能通过培训考核或未达到培训要求，未能取得培训证书的，由本人负担30％的培训费用。培训过程中，如因甲方或人事变动，甲方有权中断培训，所发生培训费用由甲方承担。

5.乙方在培训中获得的培训证书所有权归甲方所有。

6.本协议为甲方《员工手册》的补充，一式两份，甲乙双方各执一份，协议自签字之日起生效。

　　甲方(签章)：　　　　　　　　乙方：

　　签字日期：　　　　　　　　　签字日期：

附件

培训违约金计算方法

1.普通员工

(1)培训费用单次或年累计 3 000～5 000 元(含 5 000 元)，服务期限不少于 3 年，未满 3 年的应按不足年限比例退还公司培训费用。具体计算公式如下：

退还金额＝培训金额÷(3×12)×不足年限(月)

(2)培训费用单次或年累计 5 001～8 000 元(含 8 000 元)，服务期限不少于 4 年，未满 4 年的应按不足年限比例退还公司培训费用。具体计算公式如下：

退还金额＝培训金额÷(4×12)×不足年限(月)

(3)培训费用单次或年累计 8 001 元以上，服务期限不少于 5 年，未满 5 年应按不足年限比例退还公司培训费用。具体计算公式：

退还金额＝培训金额÷(5×12)×不足年限(月)

(4)因工作需要参加外部高端理论或专业技术培训，为公司服务期限不得少于 4 年。具体计算公式如下：

退还金额＝培训金额÷(4×12)×不足年限(月)

2.中层管理人员

(1)培训费用单次或年累计 5 000～10 000 元(含 10 000 元)，服务期限不少于 3 年，未满 3 年的应按不足年限比例退还公司培训费用。具体计算公式如下：

退还金额＝培训金额÷（3×12）×不足年限（月）

（2）培训费用单次或年累计 10 001～15 000 元（含 15 000 元），服务期限不少于 4 年，未满 4 年的应按不足年限比例退还公司培训费用。具体计算公式如下：

退还金额＝培训金额÷（4×12）×不足年限（月）

（3）培训费用单次或年累计 15 001 元以上，服务期限不少于 5 年，未满 5 年应按不足年限比例退还公司培训费用。具体计算公式如下：

退还金额＝培训金额÷（4×12）×不足年限（月）

（4）因工作需要参加外部高端理论或专业技术培训，为公司服务期限不得少于 4 年。具体计算公式如下：

退还金额＝培训金额÷（4×12）×不足年限（月）

师徒结对协议书

为进一步加强_____新分配员工的教育培训工作，提高职工安全意识和操作技术水平、专业技能，本着双方自愿的原则，在我工区领导的协调安排下，_____同志与_____同志，于_____年_____月_____日起，正式确定为师徒关系，并制定如下协议。

一、师傅的职责

（1）带徒实习期间，必须帮助徒弟尽快熟悉工区井场、集输站等生产环境和人员概况，热情向徒弟传授本岗位应知应会、各项技能。在带徒过程中，随时了解并掌握徒弟工作内容及思想动态，有针对性地进行教导，将自己好的工作方法和经验传授给徒弟，毫无保留地做好传、帮、带工作。

（2）严格执行公司各项规章制度、安全技术操作规程，贯彻落实"安全第一、预防为主、综合治理"的安全生产方针，引导和督促徒弟提高安全意识，遵守劳动纪律，杜绝违章操作。

（3）引导并督促徒弟进一步学习专业知识，解答徒弟的工作疑问。

（4）对徒弟表现出的不正确想法和不良现象要敢于批评、及时指正，让徒弟尽快成长起来，力保在短期内让徒弟达到相应要求。

二、徒弟的职责

（1）徒弟必须尊重师傅，听从师傅指挥，不得顶撞师傅，时刻紧跟师傅，特殊事宜需离岗必须向师傅请示。

（2）严格要求自己，积极主动求教，提高自身安全意识、努力地学习研究技术，虚心学习师傅的好思想、好作风、好经验、好传统，不断提高自身的综合素质。

（3）诚恳接收师傅的教诲，善于学习掌握新知识、新技术，并能提出自己的见解，力保在短期内达到相应要求。

三、达标要求

(1)具有较强的安全生产意识及危险因素识别能力,严格落实安全措施,有效预防事故发生。

(2)熟练掌握本岗位操作规程、设备性能及日常巡井维护等基本要求。

(3)尊敬领导,团结同事,工作认真,热爱岗位,树立爱岗敬业、乐于奉献的先进思想。

(注:本协议自签订之日起生效。协议书一式三份,甲、乙各执一份,工区存档一份)

四、奖惩措施

(1)在师徒关系没有解除之前,如发生工作上的失误或错误,按过失程度大小来分别责罚师徒双方。

(2)培养徒弟工作出色者,工区会根据情况给予师傅一定的奖励。

师傅(签字):　　　　　　　　　　　_____年_____月_____日

徒弟(签字):　　　　　　　　　　　_____年_____月_____日

实 习 协 议

用人单位(甲方):_____

实习人员(乙方):_____

甲方(用人单位)　　　　　　　　乙方(实习生)

单位名称:_____　　　　姓名:_____

登记注册类型:_____　　身份证号:_____

法定代表人:_____　　　户籍地址:_____

单位地址:_____　　　　现住址:_____

联系电话:_____　　　　联系电话:_____

为明确双方的权利和义务,根据国家有关法律、法规规定,订立下列条款:

第一条　协议期限和工作内容

1.经双方协商一致,协议期限从_____年_____月_____日起至_____年_____月_____日止,乙方取得毕业证书后本协议自动终止。

2.乙方实习的工作岗位:_____。

3.乙方实习的工作地点:_____。

4.实习期间乙方应听从指导人员的安排,虚心学习,认真完成指定任务;工作内容如需调整,在协商一致的原则下进行。

第二条　实习期间的工作时间及劳动保护

1.实习期间的工作时间按甲方的上班时间执行,若甲方因工作需要调整时间,则按调整后的执行。

2.甲方因工作需要,经与乙方协商后可延长工作时间。

3.甲方为乙方在实习期间提供必要的劳动条件和劳动保护。

第三条　实习报酬

1.甲方依其规章制度对乙方的实习进行考核评价,乙方按照实习计划或甲方规定完成实习内容的,甲方给予乙方实习补贴,补贴标准为＿＿＿＿＿＿＿元/月或按＿＿＿＿＿＿＿执行。

2.甲方发薪日为每个月的 20 号。如遇到休息日、法定节假日等,则提前支付。

第四条　保险

1.因乙方不符合缴纳社会保险的条件,甲方无义务为乙方缴纳社会保险。

2.甲方可以为乙方购买商业保险等其他形式的保险。

第五条　甲方的权利和义务

1.甲方对乙方进行劳动安全培训,包括工作纪律、安全责任、工作注意事项等。

2.甲方可以根据工作需要,经双方协商一致后调配乙方的实习岗位。

3.甲方结合实际情况为乙方提供学习专业知识、从事专业实践活动的机会,并委派有关人员进行指导。

第六条　乙方的权利和义务

1.乙方在允许的范围内,学习与实习岗位相关的知识,参与实践活动。

2.乙方应服从甲方的安排及管理,遵守甲方的劳动纪律、各项规章制度及管理规定,并爱护甲方的财产;保守技术秘密及商业秘密,甲方的经营信息;在实习结束后,及时移交工作资料和工具,未经允许的情况下,不得带走任何与工作相关的文件资料。否则,甲方有权解除协议并要求乙方承担赔偿责任。

3.乙方不得擅自离开实习岗位,如需离职的,应提前 3 日提交书面申请,经甲方批准后方可离职,并做好工作交接。

4.乙方承诺其在实习过程中本着诚实信用的原则,认真实习,对自己填列的信息或提供的资料真实性负责。

第七条　协议解除

1.甲乙双方协商一致可以解除本协议。

2.乙方如有违法行为或严重违反甲方规章制度,甲方可以解除本协议。

3.实习期间,甲方如发现乙方不符合实习要求,或者不能胜任实习工作,可向乙方提出解除本协议。

4.根据法律、法规可以解除的其他情形。

第八条　双方约定的其他事项

1.乙方违反本实习协议给甲方造成损失的,应按甲方受损情况赔偿。

2.甲方出现岗位空缺或新增岗位等情况,同等条件下应优先录用实习生。

3.实习期间,乙方在履行工作职责或利用甲方的资源所取得的知识产权成果,权益归甲方所有。

4.本协议未尽事宜由甲乙双方另行协商。因本协议而引起的纠纷,双方友好协商解决。不能协商的,可向甲方所在地人民法院提起诉讼。

5.本协议一式两份,甲、乙双方各执一份,具有同等效力,经甲乙双方签字或盖章后生效。

甲方(盖章): 乙方:

法定代表人或委托代理人: 签字:

日期:_____年_____月_____日

员工辞职申请复函

_____员工:

你于_____年_____月_____日提交的辞职申请书已收悉。经公司研究决定,现按如下第( )条给你答复,请配合做好相关工作。

1.公司同意你的辞职申请,非常感谢你在任职期间为公司所做的工作。请你于_____年_____月_____日前办理完工作交接及离职手续。凭本复函到厂办领取并填写"员工离职手续流程"和"员工离职声明",至相关部门办理文件及实物移交、工作交接、工资结算等,然后凭办理完毕的"员工离职手续流程"和"员工离职声明"到厂部办公室办理《劳动合同终止证明》。

2.因_____原因,自你提交申请之日起算,一个月内不能辞职,望你坚守岗位,认真完成岗位工作;一个月后你是否辞职,望你再与公司协商。

3.其他:

行 政 部(盖章)

_____年_____月_____日

签收: 日期:

员工离职声明

1.本人在××岗位工作期间涉及的所有相关资料和文件(包括但不限于光盘、磁盘、磁带、笔记本、文件、图纸、蓝图、备忘录、客户名单、销售资料、报告、案卷、样品、账簿、财务报表、信件、清单、录像带、幻灯片或其他书面、图示记录等),已全部移交给部门主管和公司指定的其他人员。

2.本人保证没有对上述资料和文件等进行任何形式的备份。

3.离职后,本人保证不利用任何手段将上述资料和文件等向同行业厂家进行传递、复制、摘抄等。

4.本人保证已经将公司配备的集团手机卡和电子邮箱退还回公司厂部办公室。

5.本人保证除私人物品外,已将生产设备、办公设备、办公文具、劳动工具等按照规定全部移交公司相关部门。

6.本人如违反上述条款所涉及的相关内容,愿意按照××公司制定的《保密制度》相关规定承担责任,××有限公司也可进一步追究本人的法律责任。

特此声明!

声明人(签字):

年　　月　　日

××实业有限公司各职能部门岗位职责

行政人事部门主要职能

基本 信息	部门名称	行政人事部	岗位编制	_____(人数)
	直接领导	副总经理	下属部门/岗位	
职 能 概 要	一、行政管理 　　全面管理公司行政工作,制定、优化和推行行政管理制度、文件规范,建立、健全并保管行政相关档案,制订本部门工作计划、制度,做好信息安全管理,人员安全管理、厂区绿化、节能、会议服务、来访接待方面的行政后勤保障工作,定期总结汇报。 　　二、人事管理 　　全面管理公司人力资源工作,负责公司招聘、薪酬管理、绩效管理等人力资源管理、企业文化建设等相关工作。 　　三、安全保卫(后勤保障) 　　负责公司安全设施、安全归口管理、保卫、食堂、宿舍、绿化、车队等管理工作			
主 要 职 能	一、基础管理 (一)信息处理 　　1.会议记录:做好公司会议纪要,同时向各部门传达会议决定、指示,及时归档保存。 　　2.档案管理:建立文件制度档案、员工工伤档案、环保档案、办公设备档案,同时对相关资料进行统计分析。			

主 要 职 能	3.ERP 和办公系统管理:信息化体系规划、信息化软硬件的管理和维护。 (二)计划总结 制订并及时上交本部门年度、月度工作计划,按时总结提交总结报告。 (三)制度管理 组织制定公司级各类管理制度,并贯彻执行;督促各部门制定并完善部门级管理制度,并监督其执行。 (四)规范文件 制订本部门工作流程、岗位说明书、岗位工作标准,确保文件时效性。 **二、业务管理** (一)每年 10 月组织制定公司年度经营计划 (二)行政管理 1.上传下达职能:将公司领导指示及时传达相关部门,把公司各部门的反馈意见和建议及时反馈到相关领导。 2.会议管理:包括公司级会议通知下达、会议设施管理、会议期间服务、会议记录(会议纪要)、会议决议事项的跟踪检查。 3.档案管理:建立档案管理的相关规定,以及档案的收集、归档、借阅等管理,同时监督各部门档案管理的规范性。 4.办公用品用具管理:包括办公用品的采购申请、发放、日常保管维护。 5.文印管理:包括公司相关文件的打印、复印,确保文印工作的规范性。 6.对外接待:负责外来人员的接待、事项转达等工作。 7.文件收发:负责内部、外部文件的收发和整理,建立文件备案制度和收发记录。 8.文秘:起草公司领导要求的文件资料。 9.督察督办:监督检查公司制度、指示、会议决议和领导交办的临时事项的落实情况。 10.图书、报纸、杂志的订阅、收发、借阅管理。 11.外联事务:负责与政府、行政等部门对接,包括商标申请、名牌申请、专利申请外部联络事务办理。 12.职业卫生:负责员工体检、职业病防治监测等职业卫生管理。 13.6S 管理:负责公司 6S 管理的归口管理工作。 (三)信息管理 负责办公设备的日常维护保养、公司网站、公司内部信息化系统(OA 系统)、ERP 软件、短信平台等的维护管理。 (四)公司内外宣传 负责公司对外企业形象宣传,内部企业文化和文体活动的宣传和组织。 **三、完成领导交办的临时任务**

行政考核指标	会议决议的执行力	6S管理有效性	安全设施完好率
	人员安全事故率	档案归档率	部门基础设施管理监察有效性
	各项监察工作执行有效性		

人力资源部主要职能

<table>
<tr><td rowspan="1">主要职能</td><td>

一、基础管理

（一）信息处理

1.人员信息：人员招聘渠道信息、人员基础信息库建立、储备。

2.合同管理：员工劳动合同管理，制定劳动合同、建立合同档案，并确保合同履行。

3.档案管理：建立员工档案、各种人事报表、部门文件，进行分类管理。

（二）计划总结

1.根据企业发展战略，在人力分析和预测的基础上，制订公司的人力资源战略规划和部门年度、月度工作计划，并组织实施（包括招聘薪资、培训费用年度预算、人员招聘计划、员工培训年度计划）。

2.每季度对人力资源相关运行情况进行统计分析和总结。

（三）制度管理

负责制定公司《人力资源管理制度》《员工招录用管理制度》《培训管理制度》《绩效管理制度》《薪酬福利管理制度》《劳动合同管理制度》《员工职业生涯规划》《员工手册》等相关人力资源管理制度，并贯彻执行。

（四）规范文件

1.制订本部门工作流程、岗位说明书、岗位工作标准，确保文件时效性。

2.汇总各部门工作流程、岗位说明书、岗位工作标准，确保文件时效性。

二、业务管理

（一）人力资源规划

根据公司战略发展规划，制订公司的人力资源战略规划。

（二）人力资源配置

1.根据公司经营管理的需要和部门岗位设置，进行合理定编、定员，制定公司年度用工需求计划。

2.根据各部门日常用工需求，组织员工招聘、甄选工作。

3.根据人员能力及公司发展要求，对现有人员进行定期评估，并据此进行合理的调整与配置。

</td></tr>
</table>

主要职能	4.办理人事变动相关手续。 (三)员工培训与开发 1.负责建立公司培训体系。 2.组织进行培训需求调查,根据培训需求调查和分析制定公司年度培训计划并组织实施。 3.组织对培训效果的跟踪和评估。 4.建立保存培训教材库及员工培训档案。 (四)薪酬福利管理 1.收集同行和周边企业薪酬信息,做好外部薪酬调查,为公司的薪酬决策提供依据。 2.拟定公司薪酬福利制度,经公司领导审批通过后,组织实施。 3.负责计时、计件人员考勤、出具奖惩结果和绩效考核结果,进行工资核算。 4.做好员工因岗位、职务变动工资的调整和日常性定级审批工作。 5.负责员工工伤、养老、社会等保险办理的基础数据日常维护工作。 (五)绩效管理 1.建立绩效管理体系,制定绩效及薪酬管理制度,并组织各部门实施。 2.接受员工绩效申述,并按照相关流程进行处理。 3.建立员工绩效考核档案,并根据考核结果提出人力资源管理建议。 (六)员工职业生涯规划 负责建立公司员工职业生涯规划体系,指导、监督公司各相关人员建立公司各层级人员的职业生涯规划 (七)企业文化建设 负责建立企业文化体系,制定年度、月度文体活动规划,并按时组织实施。 (八)员工关系 1.负责人力资源政策的咨询、投诉及处理。 2.负责员工劳动合同的签订和续签工作。 3.制订和完善员工奖惩办法,检查监督执行情况,对违纪员工有权做出处理意见。 4.负责员工考勤管理工作。 5.负责员工病事假归口管理工作。 6.负责员工工伤事务办理、人事纠纷等员工关系管理。 7.负责建立顺畅的员工沟通渠道,定期组织召开民主生活会,设立意见箱,了解员工工作生活情况,掌握员工思想动态。 (九)完成领导交办的临时任务

人事考核指标	招聘及时率	培训计划完成率	绩效管理有效性
	绩效考核指标设置科学性	劳动合同签订率	制度制定的有效性
	人事监察有效性		

安全保卫部主要职能

主要职能	**一、基础管理** （一）信息处理 1. 按时填写安全设施的检查记录。 2. 及时填写安全事故记录。 3. 建立外来人员和车辆的记录。 4. 建立往来快件的收发记录。 5. 建立公司住宿人员登记记录。 6. 建立公司各类车辆保养记录。 （二）计划总结 1. 制订并及时上交本部门年度、月度工作计划，按时总结并提交总结报告。 2. 制订安全设施更新、更换计划，按时总结并提交报告。 （三）制度管理 　　制定本部门管理制度，如《安全生产管理制度》《消防管理制度》《宿舍管理制度》《食堂管理制度》《安保管理制度》《公司车辆管理制度》并贯彻执行。 （四）规范文件 　　制订本部门工作流程、岗位说明书、岗位工作标准，确保文件时效性。 **二、业务管理** （一）后勤管理 1. 食堂管理。监督食堂运营情况，调查和反馈食堂运行信息。 2. 宿舍管理。负责宿舍的人员安置、安全、卫生、纪律和设施维护管理工作。 3. 绿化管理。负责公司绿化规划和绿化区的日常维护管理。 （二）安保管理 1. 安全管理：负责公司人、财、物和信息的安全归口管理工作。 2. 门卫管理：负责厂区的进出管理，考勤纪律的执行情况，安全巡查、突发事件的协助处理等工作。 3. 厂区巡查：负责公司内安全生产、防火防盗行为的监督检查工作。 4. 防火、防盗设施：负责建立、健全公司内生产车间、办公区域、食堂、宿舍、仓库等区域的防火防盗设施的配置、检查工作，并做好记录。

主要职能	5.人员车辆进出管理：做好人员、车辆的进出登记和检查工作，做好相关记录。 6.消防演习：定期组织各类人员进行消防演习，确保员工掌握基本的消防、报警知识，正确使用消防、报警器材。 7.消防检查：定期组织各部门人员进行消防通道、消防设施的检查，消除各类安全隐患。 8.对各车间人员进行有毒、有害、易燃易爆、辐射物、污染物等对人身安全和财物安全构成威胁的物品进行检查和识别的培训，做好预防工作。 9.安全宣传：做好厂区内安全的宣传工作、在厂区内张贴禁烟、防火、防盗、限速等警示标语。 （三）完成领导交办的临时任务

安全保卫考核指标	安全设施配备率	安全设施检查及时率	重大安全事故为零
	盗窃事件为零	食物中毒事件为零	

财务部主要职能

基本信息	部门名称	财务部	岗位编制	_____（人数）
	直接领导	总经理	下属部门/岗位	

职能概要	组织编制公司年度预算；执行国家财务会计制度、税收制度和法规；制定或执行公司内部财务管理制度和纳税政策；负责公司往来单位账款管理；负责公司会计核算；妥善保管公司财务和会计资料；编写公司财务分析报告；统计分析公司债权、债务和其他业务情况；根据公司资本结构研究融资风险、核算融资成本，提出融资计划和方案，防范融资风险；公司员工工资审核和发放；公司印鉴管理等。

主要职能	**一、基础管理** （一）信息处理 1.ERP账务处理：做好原料、辅料、外协件、包装物、备品配件、低值易耗品、办公用品等日常出入库ERP软件的使用、监控与维护工作。 2.档案管理：各种账簿、报表、凭证、经济合同（或订单）的归档管理，严格按照《中华人民共和国会计法》和《企业会计制度》做好会计档案的保管，及时做好相关资料的汇总统计和存档。 （二）计划总结 1.制订年度、月度部门工作计划，并按时提交总结报告。

<table>
<tr><td rowspan="1">主要职能</td><td>

2. 按照公司财务制度，按时提交财务报表和财务分析报告。

3. 制订月度应收账款的催收计划。

（三）制度管理

制定部门管理制度，如《财务管理制度》《资金管理制度》《财务安全管理制度》《财务报销制度》《库房管理制度》《固定资产管理制度》并贯彻执行。

（四）规范文件

制订本部门工作流程、岗位说明书、岗位工作标准，确保文件时效性。

二、业务管理

1. 预算管理：组织各部门编制年度财务预算，对预算执行情况进行监督、分析。

2. 会计核算：建立会计核算体系，负责公司收入、费用、利润、成本、应收、应付账款等会计核算。

3. 资金管理：筹措公司生产经营资金，编制公司资金使用计划，处理公司银行贷款的日常事务；做好日常现金收支、日记账、网上银行、资金安全等管理。

4. 风险控制：编制公司风险防控方案，并组织实施。对客户信用风险进行评估，根据评估结果，确定对客户的授信额度和期限；对应收账款进行账龄分析，根据分析情况出具货款催收计划，督促销售部门及时催收货款。

5. 成本管理：负责制订公司成本控制方案，组织实施，并定期编制公司成本分析报告。

6. 财务管理：负责制定财务管理控制方案，组织实施，并定期编制公司财务分析报告。

7. 统计管理：负责制定公司内部统计管理控制方案，组织实施。对外申报统计报表，定期编制公司统计分析报告。

8. 工资（加工费）管理：负责审核员工工资报表，编制外协单位的加工费用报表，审批后按时发放。

9. 税收管理：按照国家税收政策做好税收申报和筹划工作。

10. 财务档案：做好财务和会计档案的整理和归档工作。

11. 公司资产账务管理：做好固定资产、房屋、车辆、有价证券的归口管理。

12. 参与生产部制定和修订工价，参与研发工程部制定工艺定额、物料消耗标准。

13. 参与公司产品的定价和报价。

14. 印鉴管理：建立公司印章和证照使用规范，规范管理公司印章和证照。

15. 库房管理：做好原料仓库、辅料仓库、包装物仓库、五金机电库、成品仓库等仓库的盘点、对账工作，做到账、物、卡一致。

16. 对外事务：做好出口退税、出口信用保险办理，协助行政人事部做好政府补贴申报等工作。

三、人力资源管理

1. 及时提出本部门人员需求计划、参与人员招聘、面试工作。

</td></tr>
</table>

主要职能	2. 做好本部门人员的工作分配。 3. 做好本部门人员日常考核工作。 4. 及时进行必要的思想教育工作,充分发挥部门员工的工作积极性。 **四、完成领导交办的临时任务**		
部门考核指标	年度财务预算合理性	会计核算工作差错率	风险防控信息及时性
	成本管理有效性	档案管理及时性、完整性	ERP 信息录入及时性、准确性
	外协加工费用核算准确率	仓库管理账、物、卡一致性	资金管理安全性
	安全库存合理性		

国内销售部主要职能

基本信息	部门名称	国内销售部	岗位编制	＿＿＿＿＿（人数）
	直接领导	副总经理	下属部门/岗位	

职能概要	全面管理公司的国内营销工作,做好公司国内营销规划、市场研究、市场规划、产品推广和品牌规划推广、产品价格定位、营销策划、合同管理、销售过程管理、客户管理、销售网络管理、电子商务管理等方面的工作,实现公司国内销售目标。

主要职能	**一、基础管理** (一)信息处理 1. 销售台账:建立 ERP 销售台账或手工台账。 2. 档案管理:客户档案的分类管理,以及相关资料的统计与分析。 (二)计划总结 1. 制订并及时上交本部门年度、月度工作计划,并及时总结提交报告。 2. 制订年度、月度国内销售计划。 3. 制订年度、月度国内销售费用预算。 (三)制度管理 制定本部门管理制度《货款催收制度》《营销管理制度》《业务员管理》并贯彻执行。 (四)规范文件 制定本部门工作流程、岗位说明书、岗位工作标准,确保文件时效性。

主要职能	**二、业务管理** （一）国内营销规划 1. 根据公司的发展规划和市场情况，制定企业的长期国内（以下同）营销战略。 2. 组织编制本企业三年滚动营销规划，包括市场环境分析、总体营销思路与发展目标、细分市场与目标市场、营销组织结构调整与创新等。 3. 组织编制本企业年、月度营销部门工作（市场开拓、推广、促销等）计划及销售费用预算。 4. 组织编制本企业年、月度销售计划。 5. 做出产品销售的预测，提出未来市场的分析、发展和规划，对各项产品价格做好统一定位。 （二）市场研究 1. 调查：进行市场调查、竞争对手分析、重点客户调查、收集整理调查资料。 2. 分析：收集与分析市场信息、竞争对手信息、重点客户需求信息，提交市场及重点客户需求分析报告、客户质量及服务需求分析报告和市场调研报告。 （三）市场规划及定位 1. 合理做好市场规划及业务分配。 2. 寻找产品的目标市场，对产品的市场供需信息进行跟踪、预测和分析。 3. 针对目标市场的消费群体，编制企业近期的市场开发计划。 4. 研究分析现有市场开发的机会增长点，提出新产品开发机会。 （四）产品和品牌规划及推广 1. 根据市场及产品的生命周期特点，制定产品品牌、品种、价格、包装、渠道、促销等营销策略。 2. 协助副总制定企业品牌规划和品牌的形象建设规划，并组织推广和实施。 3. 设计企业的营销行为和销售行为，使其符合品牌塑造形式。 （五）营销策划 1. 制订广告策略与规划，合理选择广告媒体与媒体代理商，负责向媒体提供广告制作所用样品、宣传资料等； 2. 制订渠道推广、业务推广等市场推广计划； 3. 策划产品的促销活动； 4. 每年定期举办产品订货会； 5. 规划新产品上市工作，根据不同销售区域制定推广计划。 （六）销售过程管理 1. 订单：汇总客户订单信息。 2. 计划：编制销售计划，组织生产、品保、采购等相关部门召开产销协调会，进行销售计划评审，计划通过后及时下达，并跟踪销售计划完成情况；根据客户需求、库存情况或生产完成情况，适时调整计划。 3. 跟踪：跟踪订单的生产完成情况。

<table>
<tr><td rowspan="2">主要职能</td><td>

4.结算:在发货以前及时核对货款,做到款到发货,对已下订单未回款客户及时催收货款。

5.过程:了解掌握各项销售工作状况,制定相应的管理制度,并监督执行情况。

(七)客户管理

1.开发:通过网络、展会、广告、上门等方式与潜在客户建立关系,并加强深度沟通联系,以不断开发新客户。

2.维护:对客户进行定期或不定期的客情维护,保持良好关系,以维护现有客户。

3.分级:实施客户分级管理,根据客户等级及重要程度,建立维护体系。

4.客户投诉处理:建立客户投诉渠道、了解客户投诉原因,找到切实可行的解决方案,快捷、合理地解决投诉事件。

(八)合同管理

对客户合同进行分类和整理、归档,做往来明细账(ERP销售台账、手工台账),以便跟客户和财务核对之用,整理、补充和完善客户资料。

(九)价格管理

根据原辅材料价格的浮动,当前市场产品销售情况和市场产品价格变化情况及时调整和制定公司各种产品定价。

(十)销售人员培训

按照公司培训制度,做好本部门员工的培训工作,采取请进来和走出去的多种方式进行培训,定期安排观看视频学习。

(十一)电子商务

通过天猫、淘宝C店等网络平台实现网络销售。

(十二)做好本部门6S管理工作

三、人力资源管理

1.及时提出本部门人员需求计划、参与人员招聘、面试工作。

2.做好本部门人员的工作分配。

3.做好本部门人员日常考核工作。

4.及时进行必要的思想教育工作,充分发挥部门员工的工作积极性。

四、完成领导交办的临时任务
</td></tr>
</table>

部门考核指标	销售计划完成率	客户开发进度	销售回款率
	客户等级评定的及时性	客户风险防控有效性	市场信息准确性
	销售费用预算合理性	客户投诉处理及时率	

国际贸易部主要职能

基本信息	部门名称	国际贸易部	岗位编制	（人）
	直接领导	副总经理	下属部门/岗位	

职能概要	全面管理公司的国际营销工作,做好公司国际营销规划、市场研究、市场规划、产品推广和品牌规划推广、各种产品价格定位、营销策划、客户管理、合同管理、销售过程管理、销售网络管理等方面的工作,实现公司国际营销目标;

主要职能	**一、基础管理** （一）信息处理 1.销售台账:建立客户 ERP 销售台账。 2.销售合同:销售合同（订单,以下同）管理,制定合同管理制度,建立合同档案,并督促合同的履行。 3.档案管理:客户档案的分类管理,以及相关资料的统计与分析。 4.单证资料管理:做好单证资料、报关资料原件、复印件的保管、存档工作。 （二）计划总结 1.制订并及时上交本部门年度、月度工作计划,并及时总结提交总结报告。 2.制订年度、月度国际贸易营销计划。 3.制定年度、月度国际贸易销售费用预算。 （三）制度管理 制定本部门管理制度,如《货款催收制度》《国际贸易营销管理制度》《单证管理制度》《跟单作业规范》并贯彻执行。 （四）规范文件 制订本部门工作流程、岗位说明书、岗位工作标准,确保文件时效性。 **二、业务管理** （一）国际营销规划 1.根据公司的发展规划和市场情况,制订企业的长期国际（以下同）营销战略。 2.组织编制本企业的三年滚动营销规划,包括市场环境分析、总体营销思路与发展目标、细分市场与目标市场、营销组织结构调整与创新等。 3.组织编制本企业年、月度营销部门工作（市场开拓、推广等）计划及销售费用预算。 4.组织编制本企业年度国际贸易营销计划。 5.做出产品销售的预测,提出未来市场的分析、发展和规划,对各项产品价格做好定位。 （二）市场研究 1.调查:进行市场调查、竞争对手分析、重点客户调查、收集整理调查资料。 2.分析:收集与分析市场信息、竞争对手信息、重点客户需求信息,提交市场及重点客户需求分析报告、客户质量及服务需求分析报告和市场调研报告。

主要职能	（三）市场规划及定位 1.合理做好市场规划及业务分配。 2.寻找产品的目标市场,对产品的市场供需信息进行跟踪、预测和分析。 3.针对目标市场的消费群体,编制企业近期的国际市场开发计划。 4.研究分析现有市场开发的机会增长点,提出新产品开发机会。 （四）产品和品牌规划及推广 1.根据市场及产品的生命周期特点,制定产品品牌、品种、价格、包装等营销策略。 2.制定企业品牌规划和品牌的形象建设规划,并组织推广和实施。 （五）营销策划 1.制订渠道推广、业务推广等市场推广计划。 2.每年定期参加大型产品专业展销会。 3.规划新产品上市工作,根据不同销售区域制订推广计划。 （六）销售过程管理 1.订单:汇总客户订单信息,及时向生产、研发工程部、质量部门传达订单信息。 2.计划:编制销售计划和订单完成入库时间计划,组织生产、采购、品质保障等相关部门召开产销协调会,进行订单完成入库时间计划评审,计划通过后及时下达,并跟踪计划完成情况;根据客户需求、库存情况或生产完成情况,适时调整计划。 3.下单:向研发工程部传达客户订单信息。 4.跟踪:严格按照《客户订单跟踪表》,及时跟踪订单的生产完成情况。 5.单证:按照销售合同(订单)或客户的要求,做好订舱、报关、交单等单证资料。 6.结算:按照公司与客户约定的收款方式和时间进行货款催收。 7.过程:了解掌握各项销售工作状况和工作情况,制定相应的管理制度,并监督执行情况。 （七）客户管理 1.开发:通过网络、展会、上门等方式与潜在客户建立关系,并加强深度沟通联系,以不断开发新客户。 2.维护:对客户进行定期或不定期的客情维护,保持良好关系,以维护现有客户。 3.分级:实施客户分级管理,根据客户等级及重要程度,建立维护体系。 4.客户投诉处理:建立客户投诉渠道,了解客户投诉原因,找到切实可行的解决方案,快捷、合理的解决投诉事件。 （八）合同(订单)管理 对客户合同进行分类和整理、归档,做往来明细账(销售台账),以便跟客户和财务核对之用,整理、补充和完善客户资料。

主要职能	（九）价格管理 做好每笔出货订单价格信息的核对。 （十）销售人员培训 按照公司培训制度，做好本部门员工的培训工作，采取请进来和走出去的多种方式进行培训，定期安排观看视频学习。 **三、人力资源管理** 1.及时提出本部门人员需求计划、参与人员招聘、面试工作。 2.做好本部门人员的工作分配。 3.做好本部门人员日常考核工作。 4.及时进行必要的思想教育工作，充分发挥部门员工的工作积极性。 **四、完成领导交办的临时任务**		
部门 考核 指标	客户等级评定的及时性	单证资料准确、完整性	市场信息准确性
	客户投诉处理及时率	订单跟踪表跟踪及时性	合同（订单）履行的差错次数

生产部主要职能

基本 信息	部门名称	生产部	岗位编制	（人）
	直接领导	总经理助理	下属部门/岗位	
职能 概要	制订生产计划、外协计划，组织生产，负责生产的管理、生产安全、生产质量、员工绩效考核、生产数据统计、设备的日常维护、维修保养润滑管理，人员调配，保证正常生产，并负责技术文件的接收、落实。			
主 要 职 能	**一、基础管理** （一）信息处理 1.接收、落实工艺技术文件、质量文件等其他文件。 2.收集、保管、统计、分析生产记录。 3.收集、保管、统计、分析外协单位的生产记录。 （二）计划总结 1.制订本部门年度、月度工作计划并按时总结提交总结报告。 2.制订年度、月度生产计划，分解成周、日生产排程计划，并按时进行总结。 3.根据月度生产计划制订月度外协加工计划并组织实施。 （三）制度管理 制定《车间管理制度》《生产记录管理制度》《外协单位生产管理制度》《外协单			

主要职能	位评级办法》《生产标识管理办法》《安全操作规程》等并贯彻执行。 （四）规范文件 制定本部门工作流程、岗位说明书、岗位工作标准,确保文件时效性。 **二、业务管理** （一）生产计划管理 1.根据年度经营计划制订年度生产计划。 2.根据年度生产计划、月度销售计划,制订月度生产计划和外协加工计划。 3.根据月度生产计划及库存情况分解为周、日生产排程计划。 4.根据客户需求、生产实际情况,适时调整生产计划和增补生产计划。 （二）生产过程管理 1.生产准备。每天根据生产排程计划确认原料、辅料的库存情况和新采购原、辅料到位情况;确认外协单位加工情况、人员到位情况、设备完好情况、工艺要求等。 2.进度管理。根据生产记录和统计报表监督生产进度,确保各车间和外协加工单位按照生产计划规定时间完成生产任务。 3.质量管理。根据技术要求、质量标准要求进行生产加工,确保产品质量;根据质量体系要求和相关部门的质量改善要求做好纠正、预防措施的执行工作。 4.设备管理。做好生产设备的操作、点检及日常维护保养;做好设备的临时维修、计划检修、设备保养润滑工作。 5.工艺管理。根据公司工艺技术要求,监督员工的执行情况,配合研发工程部做好工艺纪律的检查,确保工艺纪律的有效执行。 6.成本管理。组织制定和修订工价、参与制订和修订工艺定额;参与研发工程部制定物料消耗标准,加强公司生产成本控制;参与相关部门制定备品配件、包装物、产成品安全库存标准。 7.现场管理。根据公司6S管理规定,落实现场管理工作,符合6S管理要求;积极参与公司6S管理考核;组织、落实6S管理纠正、预防措施,按时完成整改。 8.安全管理。落实各车间安全领导责任制,定期组织安全检查;监督生产设备、安全设施的完好性,并反馈信息;监督员工对公司安全生产管理规定和《安全操作规程》的执行情况,确保作业安全;配合行政人事部定期做好员工生产作业安全和教育培训 9.生产异常处理。衔接、协调各车间生产资源,及时调整生产,确保生产顺利进行。 10.产能分析。每月对各车间和外协单位进行产能分析和人员负荷分析,提交分析报告。 **三、人力资源管理** 1.及时提出本部门人员需求计划、参与人员招聘、面试工作。

主要职能	2.做好本部门人员的工作分配。
	3.做好本部门人员日常考核工作。
	4.及时进行必要的思想教育工作,充分发挥部门员工的工作积极性。
	四、完成领导交办的临时任务

部门考核指标	生产计划完成率	产品一次交验合格率	废品率
	外协加工计划完成率	返工、返修率	设备利用率
	工伤事故(次数、费用)	批量报废量	6S整改有效率

生产车间部门职能

基本信息	部门名称	生产车间	岗位编制	(人)
	直接领导	生产部长	下属部门/岗位	

职能概要	组织生产,负责生产的计划完成、安全管理、质量管理、成本管理、数据统计、设备管理、员工管理、现场管理,保证正常生产。

主要职能	**一、基础管理**
	(一)信息处理
	1.接收、落实工艺技术文件、质量文件等管理文件。
	2.收集、保管、统计、分析生产数据。
	3.统计车间员工工时信息,上报生产部。
	(二)制度管理
	贯彻执行《车间管理制度》《生产记录管理制度》《设备管理制度》《安全生产管理制度》《生产标识管理办法》《安全操作规程》等制度规范。
	(三)规范文件
	1.制订本车间工作流程、岗位说明书、岗位工作标准,确保文件时效性。
	2.组织做好本车间文件、资料、记录的保管和定期归档工作。
	二、业务管理
	(一)生产计划管理
	1.根据每月生产计划做出任务分解,分解成周、日生产排程计划,安排到各个班组进行生产。

	2.根据生产计划进行进度管理,做到均衡生产,日、周、月均衡生产。
	3.对生产部安排的临时任务进行及时的组织生产。

（二）生产过程管理

1.生产准备。每天根据生产计划确认原料、辅料的库存情况和新采购原、辅料到位情况;确认设备完好情况、发现异常及时报告与处理。

2.进度管理。根据分解生产排程计划,掌握生产情况,合理调配人员,保证生产任务的及时完成。

3.质量管理。根据质量标准要求进行生产加工,确保产品质量;强化员工的质量意识,做好产品的自检、互检工作,做好质量记录;积极配合质保部完成首检、巡检、专检、成品检工作。

4.设备管理。每天按时完成设备的保养工作,确保设备处于完好状态;做好生产车间设备的操作、点检;做好生产车间设备使用工装的设计、制造、安装、维护、保养等工作。

5.工艺管理。根据公司工艺技术要求,监督员工的执行情况,配合研发工程部做好工艺纪律的检查,确保工艺纪律的有效执行。

主要职能

6.成本管理。合理安排下料,减少下脚料的产生;督促员工及时利用边角余料、回料,提高材料利用率;对不合理的劳动工时定额进行核实,并将信息反馈到生产部,以便及时调整。

7.6S现场管理。根据公司6S管理规定,加强车间现场管理,保持工作场所整齐、整洁、有序,符合6S管理要求。

8.安全管理。协助行政人事部对车间进行消防检查,消除消防安全隐患;协助行政人事部对车间人员进行有毒、有害、易燃易爆、辐射物、污染物等对人身安全和财物安全构成威胁的物品进行检查和识别的培训,做好预防工作;协助行政人事部对车间安全隐患进行排查,设备操作规程执行情况检查,确保员工人身安全、设备安全、财产安全;协助行政人事部随时组织员工做好安全培训,做到安全生产,人人有责。

9.生产异常处理。各车间主任之间及时沟通,及时调整生产,确保生产顺利进行。

10.产能分析。做好每日、周、月的生产报表上交生产部。

11.员工管理。做好本车间员工的考勤管理;关心本车间员工的思想、生活和待遇;做好本车间员工的安全、质量培训工作。

三、人力资源管理

1.根据生产情况及时提出本车间员工需求计划。

2.做好本车间员工的分配工作。

3.及时了解员工心态,充分发挥本车间员工的工作积极性。

四、完成领导交办的临时任务

车间考核指标	生产计划完成率	产品一次交验合格率	废品率
	生产报表提交的及时性、准确性	返工、返修率	设备利用率
	工伤事故(次数、费用)	批量报废量	设备完好率
	报表的及时准确性		

采购部主要职能

基本信息	部门名称	采购部	岗位编制	(人)
	直接领导	总经理助理	下属部门/岗位	

职能概要	全面管理公司采购工作,制定、优化和推行采购管理制度,建立、健全采购管理相关档案,制订本部门工作计划和采购计划,做好供应商管理、新供方引入、采购交付管理、采购成本控制、采购过程管理、合同管理、采购索赔、安全库存管理、采购培训等方面工作。 **一、基础管理** (一)信息处理 合同管理:采购合同管理,建立合同档案,并督促合同的履行。 档案管理:供应商档案的分类管理,以及相关资料的统计与分析。 (二)计划总结 1.制订并及时上交本部门年度、月度工作计划,并及时总结提交总结报告。 2.根据销售情况和生产情况,制订月度采购计划、跟踪计划完成情况。 (三)制度管理 制定本部门管理制度,如《采购管理制度》《供应商管理制度》等,并贯彻执行。 (四)规范文件 制定本部门工作流程、岗位说明书、岗位工作标准,确保文件时效性。 **二、业务管理** (一)供应商管理 1.建立公司外加工产品和采购原辅料、包装物、五金机电等价格信息库。 2.收集供应商相关信息,建立供应商档案和供应商信息库。 3.组织对供应商的考察和等级评定,根据评定结果建立合格供应商名录。 4.定期组织对供应商的业绩评价,根据评价结果及时修订合格供应商名录。

| | 5.新供应商开发：根据采购需要，按照新供应商引进流程，严格执行审核程序，评价审核合格后，纳入合格供应商名录。

（二）采购管理
1.根据公司年度经营计划，制订公司年度采购计划，并编制采购预算。
2.根据公司月度生产计划，编制月度采购计划及预算。
3.按照月度采购计划制订采购跟踪计划，及时跟踪采购物料交付情况。
4.采购成本控制：根据采购原则，同种物料引进两家以上合格供应商，进行比价采购体现价格竞争机制。及时了解各种物料价格及影响成本因素的变化情况，定期对采购价格进行评估，合理控制采购成本。
5.负责各部门提交的生产应急物料采购工作。

（三）报检管理
原料、辅料、包装物、五金机电产品、外协产品到厂后，由采购员及时向品质保证部报检，检验合格后方可办理入库手续。

（四）合同管理
组织拟定采购合同（价格、质量、数量、交付、技术协议），报副总审批；负责合同的谈判、签订，合同履行后进行分类整理，及时归档。

（五）采购索赔
负责对违反合同规定的供应商进行索赔；对经品质保证部确认的采购不合格品按《不合格品管理办法》及时协调处理。

（六）安全库存管理
配合相关部门协商制定备品配件、原辅料、包装材料的安全库存量标准。

三、人力资源管理
1.及时提出本部门人员需求计划，参与人员招聘、面试工作。
2.做好本部门人员的工作分配。
3.做好本部门人员日常考核工作。
4.及时进行必要的思想教育工作，充分发挥部门员工的工作积极性。
四、完成领导交办的临时任务 |

部门 考核 指标	采购计划完成率（时间、数量）	采购物资质量合格率	采购价格更新及时性
	供方考察和等级评定准确性	供方交付及时率	

研发工程部主要职能

基本信息	部门名称	研发工程部	岗位编制	（人）
	直接领导	总经理	下属部门/岗位	

职能概要	根据公司的发展计划,客户的需求及营销部反馈的信息,制订新产品的年度开发计划,并按计划完成设计、打样、开发任务,实现公司开发目标,并负责公司产品的工艺管理、技术指导,工艺文件的制定落实和监督。

主要职能	**一、基础管理** （一）信息处理 1.台账:建立技术资料台账并及时更新。 2.合同:建立、保管技术合同。 3.档案:产品资料档案分类管理、客户样品及相关标准,各类认证材料、专利资料、参考资料、技术信息、技术交流资料建档备案工作。 （二）计划总结 1.制订本部门年度、月度工作计划并按时总结,提交总结报告。 2.制订新产品开发计划,总结开发成果,撰写新产品投产分析报告。 （三）制度管理 制定本部门管理制度,如《工艺纪律检查制度》《工艺文件管理制度》《标准化管理规范》《作业指导书》《工艺标准》《工艺文件》等,并贯彻执行。 （四）规范文件 制订本部门工作流程、岗位说明书、岗位工作标准,确保文件时效性。 **二、业务管理** （一）新产品开发 1.根据市场需求和销售部门反馈信息及公司要求制订新产品的年度开发计划和新产品开发任务书。 2.编制新产品开发计划书,组织进行新产品设计、试制、测试、评审等。 3.绘制技术图纸,编制工艺文件、工艺定额、物料消耗标准、质量检验文件、采购外协技术要求和标准等技术文件。 4.符合专利申请的项目,汇总资料,转由行政人事部申请专利。 5.根据产品技术图纸,绘制钢件模具和塑料件模具图纸,下发金工车间或外协加工模具。 6.设计生产过程需要的工装、夹具图纸,下发金工车间或外协加工工装、夹具。 7.负责产品开发打样工作。 （二）工艺管理 1.负责产品加工过程中工艺流程、工艺标准和工艺参数等改进的要求,跟踪改进效果。

主要职能	2.负责对生产过程中工艺执行情况进行指导并监督、检查。 3.适时提出或根据生产部门反馈的信息进行工艺整改、保证工艺的先进性。 （三）资料管理 1.负责公司技术文件的管理：建立台账、资料备案、按制度对各车间技术文件保管和使用情况进行考核。 2.负责各类认证材料、专利资料、参考资料、技术信息、技术交流资料的保管和归档工作； 3.负责技术文件的发放、回收、作废和销毁。 （四）标准化管理 1.制定技术文件标准化格式、企业标准、产品标准、企业内控标准、作业指导书等标准化文件。 2.负责收集产品涉及的国际标准、国家标准、行业标准。 （五）人员培训 1.协助行政人事部对生产一线员工和新进员工进行技术培训。 2.制订和实施本部门员工技术培训。 **三、人力资源管理** 1.及时提出本部门人员需求计划，参与人员招聘，面试工作。 2.做好本部门人员的工作分配。 3.做好本部门人员日常考核工作。 4.及时进行必要的思想教育工作，充分发挥部门员工的工作积极性。 **四、完成领导交办的临时任务**

部门考核指标	产品工艺符合性	新品开发一次合格率	新品开发成功率
	工艺纪律检查的有效性	专利申请（个/年）	改进创新指标__项/季
	现场服务满意度	技术资料的差错率	

品质保证部主要职能

基本信息	部门名称	品质保证部	岗位编制	（人）
	直接领导	总经理助理	下属部门/岗位	
职能概要	全面负责公司原辅材料、包装物、外协件、零部件、成品监督检验，制定质量管理制度和产品的质量标准、检验标准，做好计量管理、原辅材料验收管理、生产过程质量管理，质量知识培训、质量问题分析、标准体系的维护与运行。			

主要职能	**一、基础管理** （一）信息管理 1.质量指标：每月收集汇总质量数据，编制质量报表和质量管理趋势图，做出质量分析报告。 2.顾客投诉处理：顾客投诉的统计和分析、制定顾客投诉处理制度，建立顾客投诉台账，对顾客投诉及时处理并分析和改进。 3.文件管理：对本部门技术文件和其他管理文件建立收、发记录。 （二）计划总结 1.制订本部门年度、月度工作计划，按时总结并提交总结报告。 2.每月制定并及时上交各车间和外协单位的质量指标完成情况分析，以及顾客投诉统计分析。 3.制订并及时上交本部门年度、月度质量工作计划总结。 （三）制度管理 制定本部门管理制度，如《质量管理制度》《产品验收制度》《外协单位质量管理制度》《不合格品管理制度》《顾客投诉处理制度》并贯彻实施。 （四）规范文件 制订本部门工作流程、岗位说明书、岗位工作标准，确保文件时效性。 **二、业务管理** （一）质量管理体系 1.协助管理者代表建立质量管理体系。 2.协助管理者代表组织质量管理体系内审。 3.协助总经理进行管理评审。 4.组织接受第二方、第三方质量管理体系审核。 5.制订公司各类产品的企业标准，质量检验标准。 （二）质量控制 编制公司年度质量目标，将目标转化为各部门的具体工作目标，并依此制订质量工作计划。 （三）产品检验 1.负责对原材料、辅助材料、包装物、外协件、成品进行监督检验。 2.对生产过程的半成品进行抽检、首次检验确认。 3.质量跟踪、监督，收集整理质量检验数据。 （四）不合格品控制 组织对不合格品（返工、返修、报废）进行标识、记录、隔离、评价、处置；跟踪不合格品的处理结果，组织进行统计和分析；统计、分析处置结果，制订纠正和预防措施，跟踪实施效果。 （五）顾客投诉处理 根据国内销售部、国际贸易部或顾客直接投诉，负责组织质量投诉信息的处理，建立顾客投诉记录，并对顾客投诉进行分析、整改。

主要职能	（六）文件和记录管理 1.负责质量管理体系有关文件控制的归口管理。 2.负责质量手册、质量程序文件的发放和控制。 　3.对本公司各部门使用的质量管理体系文件进行监督管理,组织对管理体系文件的有效性进行评审。 　4.对本公司各部门使用的质量记录和本部门使用的质量记录进行收集、监督、管理。 （七）纠正和预防措施的控制 组织质量问题纠正预防措施的归口管理和监督实施效果的验证。 （八）持续改进 1.负责组织公司持续改进活动的策划和改进项目的识别与确定。 2.负责公司持续改进过程的监督与管理。 3.负责公司持续改进效果的评价和验证。 4.负责公司持续改进活动记录的保存。 （九）数据分析 1.负责对各车间、采购部、外协单位质量指标的归口管理。 　2.负责督促相关部门按时提报质量数据和资料,汇总、整理形成质量分析报告,报总经理助理。 （十）质量培训 1.负责配合行政人事部对生产一线员工和新进员工进行质量管理培训。 2.负责对本部门员工进行技能训练、质量培训和教育。 （十一）计量管理 　1.建立公司内所有长度、重量及试验用计量、检测设备的台账,制订计量检定计划并按时报检,确保设备的精确度和准确度。 2.负责公司内所有长度、重量及试验用计量、检测设备的计量管理工作。 **三、人力资源管理** 1.及时提出本部门人员需求计划、参与人员招聘、面试工作。 2.做好本部门人员的工作分配。 3.做好本部门人员日常考核工作。 4.及时进行必要的思想教育工作,充分发挥部门员工的工作积极性。 **四、完成领导交办的临时任务**

部门考核指标	出厂合格率	批量不合格（次数和总量）	顾客投诉次数
	顾客投诉处理率	公司内部质量问题处理率	质量体系通过率
	质量记录、数据准确性	纠正预防措施有效性	计量器具检定率

基建设备科部门职能

基本信息	部门名称	基建设备科	岗位编制	（人）
	直接领导	总经理	下属部门/岗位	

职能概要	1.基建 　　参与、负责公司施工项目的计划拟定、评审、会审、实施、合同手续办理、现场安全、质量管理工作。 2.设备 　　负责做好公司生产设备的安装、调试、润滑、保养、维修的计划和实施，确保设备的工作状态；负责做好公司水、电、气、汽等动力设施的完好；应急处理突发事项。

主要职能	**一、基础管理** （一）信息处理 1.基建：建立和管理材料检验记录；收集、保管、统计、分析检验和施工记录。 2.设备：接收并管理设备说明书和装箱原始文件等文件；设备档案管理；建立公司设备管理台账；特种设备档案。 （二）计划总结 1.基建：制订年度、月度、周工作计划；制订本部门月度施工进展和工作计划，并按时进行总结，提交总结报告。 2.设备：制订年度、月度、周工作计划；提交并落实设备保养、维修、润滑计划；制订设备维修保养计划，按时总结提交，并组织实施。 （三）制度管理 1.制定《设备管理制度》《设备安全操作规程》等并监督贯彻执行。 2.制定《基建材料验收制度》《基建验收制度》《施工现场管理制度》并贯彻执行。 （四）规范文件 制定本部门工作流程、岗位说明书、岗位工作标准，确保文件时效性。 **二、业务管理** （一）基建管理 1.负责拟定公司工程项目的施工计划。 2.负责实施项目扩展图、施工图的设计，并组织相关会审工作。 3.工程预决算的编制和审核，组织实施项目的招标具体工作。 4.负责地质勘查，平面测量，工程的坐标、定标、土地清理平整，并组织相关部门做好项目的前期准备工作。 5.组织签订施工合同，办理施工执照和项目开工有关手续。 6.负责工程的进度、质量、安全的监督和现场管理，组织有关人员进行质量的检验和评定，竣工验收及交付使用。 7.组织项目进度、质量、安全的考核，编制提出项目进度计划，提出项目用款计划等工作。

主要职能	8.组织召集项目有关会审、评审、审计、验收等各类会议和工作,并协调与规划设计、施工验收、项目工程等相关单位的联系。 9.收集整理施工图、设计变更、竣工图、工程验收等相关资料,并做好资料的存档工作。 10.审核施工部门用料计划、用料价格,并组织验收、核定、保管等工作。 11.负责公司在建和已建房屋、地面等设施的维护、维修工作;负责食堂、宿舍、办公等非生产区域的水、电、气等基础设施的归口管理。 (二)设备管理 1.建立公司设备管理台账(含在用、封存、报废设备)定期与财务部门固定资产账进行核对。 2.设备点检标准的制定、监督、指导、执行。 3.设备润滑:按计划时间完成设备的润滑工作,做好记录,确保设备处于完好状态。 4.设备保养:按计划时间完成设备的保养工作,做好记录,确保设备处于完好状态。 5.设备维修:按计划时间完成设备的维修工作,做好记录,确保设备处于完好状态。 6.建立设备维修档案,做好维修统计分析,及时采取纠正预防措施。 7.动力管理:负责公司水、电、气、汽、空气压缩机、配电房、发电机等运行管理工作;负责办公区、住宿区、食堂等公共区域的动力设施的维护工作。 8.闲置设备管理:负责对闲置设备进行有效防护,定期维护保养,保证设备性能不发生变化; 9.设备报废管理:组织对设备进行评价,对精度不达标,又无维修价值的设备,填写《设备报废申请单》,交上级审批处理。 10.节能管理:负责公司范围内照明、生产等各类用电设施的节能监督工作。 11.监控设施:负责检查、维护监控设施的完好,保证各监控点的正常运行。 **三、人力资源管理** 1.及时提出本部门员工需求计划。 2.做好本部门员工的分配工作。 3.及时了解员工心态,充分发挥本部门员工的工作积极性。 **四、完成领导交办的临时任务**			

设备考核指标	设备利用率	设备完好率	设备维修及时性
	报表的及时准确性		

基建考核指标	项目质量合格率	材料验收准确率	材料验收合格率
	项目交付及时率		

各部门方针目标考核一览表

财务部方针目标考核一览表

序号	关键考核指标	重点说明	目标值	数据提供单位	权重	扣分标准	扣分	得分
1	应收报表	准确性和及时性（每月 4 日之前）	0 次/月	营销部	15	每超出目标值1 次扣 5 分		
2	应付报表	准确性和及时性（每月 4 日之前）	0 次/月	采购部	15	每超出目标值1 次扣 5 分		
3	利润表分析	及时性	4 日/月		10	延迟 1 天扣 2 分		
4	现金流向分析表	准确性和及时性（每月 4 日之前）	0 次/月		15	每超出目标值1 次扣 5 分或延迟1 日扣 5 分		
5	对外申报	准确性和及时性（每月 15 日之前）	0 次/月		15	每超出目标值 1 次扣 5 分或延迟1 日扣 5 分		
6	应收延期单位发货监督	准确性和及时性	0 次/月		15	每超出目标值1 次扣 5 分		
7	考核数据提供	每月 5 日前将上月对其他部门考核书面数据提供行政部汇总	5 日/月	行政部	5	延迟 1 天扣 2 分		

续上表

序号	关键考核指标	重点说明	目标值	数据提供单位	权重	扣分标准	扣分	得分
8	改善提案件数	每月提出有形成改善成果提案的件数	1件/月	行政部	5	此项没有扣完		
9	教育训练	每月针对本单位人员进行一次以上的技能训练	1次/月	行政部	5	此项没有扣完		
	合计				100			

批准：   制表：

营销部跟单员方针目标考核一览表

序号	关键考核指标	重点说明	目标值	数据提供单位	权重	扣分标准	扣分	得分
1	应收延期的发货	应收到期未收到,发货需总经理签字的违规发货次数	0次/月	财务部	15	有1次扣完,两次或两次以上扣除全部奖金		
2	客户维护	每个月因跟单员不跟进客户订单量导致订单流失,样品失去跟踪	0次/月	营销部/财务部	10	有1次扣完,两次或两次以上扣除全部奖金		
3	账单、指令单错误的次数(准确率)	记账单、指令单错误的次数	2次/月	生产主管财务部品质部	20	超出目标1次扣3分		
4	特殊订单评审	因对特殊订单(特殊要求的高档产品生产、沟通未果插单、新产品生产、试生产订单、半年未生产订单、量大的订单定义为特殊订单)未做订单评审影响生产或品质的次数	0次/月	品质部生产主管	13	超出目标1次扣5分		

5	坏账、呆账件数	每月产生的坏账、呆账的件数	0件/月	财务部	13	有1件扣3分		
6	呆滞成品件数	包装成品后存放2个月未发的件数	0件/月	仓库	10	有1件扣2分		
7	高档产品占有率	高档产品占当月销售量的比例	12%/月	财务部	10	按12为基数计算百分比乘权重分		
8	考核数据提供	每月5日前将上月对其他部门考核书面数据提供行政部汇总	5日/月	行政	5	延迟1天扣2分		
9	改善提案件数	每月提出有形成改善成果提案的件数	1件/月	行政	2	此项没有扣完		
10	教育训练	每月针对本单位人员进行一次以上的技能训练	1次/月	行政	2	此项没有扣完		
	合计				100			

批准：　　　　　　　　　　　　　　　　　　　　制表：

采购部方针目标考核一览表

序号	关键考核指标	重点说明	目标值	数据提供单位	权重	扣分标准	扣分	得分
1	原物料、外协物料进料品质异常件数	原物料、外协物料来料不良的次数	10件↓/月	品质部	25	超出目标值1件扣5分		
2	原物料、委外物料异常影响出货的次数	原物料、委外物料来料不良（造成全检、返工及报废费用损失赔偿）影响到生产发货的次数	5次↓/月	品质部财务部	25	超出目标值1件扣5分		

3	未及时开单件数	物料到位还未开具/未下发采购单的次数	1次/月	仓库	20	超出目标值1件扣5分		
4	交货的答交率	原材料及委外物料按计划回厂的达成情况	95%	生管仓库	20	按95为基数计算百分比乘权重分		
5	提供数据的及时性	每月考核数据的及时性、正确性	每月5日前	行政部	5	延迟1天扣2分		
6	改善提案件数	每月提出有形成改善成果提案的件数	1件/月	行政部	5	此项没有扣完		
	合计				100			

批准：　　　　　　　　　　　　　　　　　　　制表：

技术部方针目标考核一览表

序号	关键考核指标	重点说明	目标值	数据提供单位	权重	扣分标准	扣分	得分
1	技术资料的准确性	技术图纸、工艺文件、物料清单表等技术资料提供的准确性	0次/月	品质部	80	每超出目标值1次扣5分		
2	改善提案件数	每月提出有形成改善成果提案的件数	1件/月	行政部	10	此项没有扣完		
3	落实教育训练	每月针对各部门人员进行一次以上的技能训练	2次/月	行政部	10	少一次扣5分		
	合计				100			

批准：　　　　　　　　　　　　　　　　　　　制表：

品质部方针目标考核一览表

序号	关键考核指标	重点说明	目标值	数据提供单位	权重	扣分标准	扣分	得分
1	品质检验规范及时性	产品生产时无品质检验规范的件数	1件↓/月	生产单位	25	超出目标值1件扣5分		
2	客诉案件数	出货产品因品质问题所引起的客户抱怨	功性能：0件↓/月其他：5件↓/月	营销部	25	超出目标值1件扣5分		
3	进料/托外及制程移至下制程不良批次	进料/托外及制程移至下制程不良件数	1件↓/月	生产单位仓库生管	20	超出目标值1件扣5分		
4	量测治具未及时校正逾期件数	各单位的量测治具没有在规定的时间内进行校验的次数	0件/月	生产车间	15	超出目标值1件扣5分		
5	提供数据的及时性	每月考核数据的及时性、正确性	每月5日前	行政部	5	延迟1天扣2分		
6	改善提案件数	每月提出有形成改善成果提案的件数	2件↑/月	行政部	5	低于目标值1次扣3分		
7	落实教育训练	每月针对各部门及本部门人员进行一次以上的品质训练	各部门：1件↑/月本部门：2件↑/月	行政部	5	低于目标值1件扣2分		
合计					100			

批准：　　　　　　　　　　　　　　　制表：

行政部方针目标考核一览表

序号	关键考核指标	重点说明	目标值	数据提供单位	权重	扣分标准	扣分	得分
1	人员招聘达成率	各单位人员招聘（规定时限内）的达成率	一线员工：80%；管理干部：100%	各单位	15	根据当月实际分别以两项的目标数据位基数计算百分比，以最低百分比乘权重分		
2	推行改善提案总件数	公司各单位提出有形成改善成果提案的总件数	20件↑/月	财务部	15	少1件扣3分		
3	绩效考核	公司管理干部及间接人员（列为公司考核内人员）的考核率	100%	财务部	20	以实际考核的人数除以需要考核的总人数乘权重分		
4	管理制度	公司相关管理制度的推行及可执行的件数	1件↑/月	各单位	10	少1件扣完		
5	现场5S	公司总体现场5S推行每月所达到的分数	70分↑/月	各单位	15	低于目标分数1分扣1分		
6	数据提供	每月考勤、考核、统计表等数据的及时性、准确性	每月10日前	财务部	10	延迟1天扣2分		
7	改善提案件数	每月提出有形成改善成果提案的件数	2件↑/月	行政部	5	少1件扣3分		
8	企业文化宣传	每月完成公司企业文化宣传工作的次数	2次↑/月	/	5	少1次扣3分		

序号	关键考核指标	重点说明	目标值	数据提供单位	权重	扣分标准	扣分	得分
9	落实教育训练	每月针对各部门及本部门人员进行一次以上的品质训练	各部门：1次↑/月 本部门：2次↑/月	行政部	5	少1次扣3分		
合计					100			

批准： 制表：

行政人事部月（周、日）临时工作清单

行政人事部定期处理工作表

序号	日期时间	工作内容	备注
1	每月26～30日	劳保用品定期请购（包括医药箱的请购）	
2	每月1～3日	劳保用品定期发放	
3	每月20～25日	办公用品月盘统一请购	
4	按规定时间	各种公司证件的定期送审年检等工作（特种作业等证书）	
5	每月15日前	社保、工伤、保险定期上报工作	
6	每月10日前出一期	宣传栏出版报工作	
7	每月5日前	员工互助会基金开支情况通报	
8	每年三月、十月	工作服统一发放	
9	每月4日前	行政人事部月报表：警告单、员工工资异动通知单	
10	每季度一次（第一个月月初）	投放诱饵（灭鼠、灭蚊）	
11	每月一次	河道保洁（厂区卫生管理员）	

续上表

序号	日期时间	工作内容	备注
12	每月一次	吸粪车清理厂区化粪池	
13	每月一次	修剪花木(看生长情况而定)	
14	每月5日前	员工考勤时间核对	
15	每月5日前	统计值班人员补休单并交经理办审批	
16	每月20日前	水电费月度检查登记	
17	每月5日前	出车记录、费用、里程、油耗及司机加班情况统计	
18	每月5日前	自营食堂经营盘点	
19	每年6月、12月下旬最后三～五日	固定资产盘点汇总(年度盘点)	

行政人事部临时处理工作表

序号	工作内容	备注
1	人员招聘,电子显示屏招聘广告滚动	
2	招聘员工的面试安排、结果通知	
3	新员工入职手续办理、食宿安排、厂牌饭卡办理、入职前培训	
4	转正员工的手续办理、人事考勤审批、完善员工存档等工作	
5	转正前员工合同签订	
6	转正员工厂服发放	
7	员工岗位调动手续办理(交接表、任命书、员工异动通知单)	
8	离职人员交接手续办理,通知保安监督其离厂	
9	合同到期员工的合同重新签订(按各员工签订合同时间)	
10	员工工资异动通知单	
11	员工请假补休的登记	
12	食堂采购物料的复核、抽检、记录、月度盘点等工作	
13	员工停餐登记	
14	意见箱的管理(每周不定期开箱检查处理)	

续上表

序号	工作内容	备注
15	废品出售工作及记录	
16	社保变动上报工作	
17	行政人事部管辖物料的个别请购工作	
18	办公设备的维护(复印机等)	
19	办公用品领用	
20	文件存档、发放工作;文件学习培训记录表回收	
21	节假日团建活动组织工作	
22	与属地政府机关的外联对接工作	
23	复印打印管理登记工作	
24	协助生产部、品质管理部对员工行为规范的监督工作	
25	公司内部基建工程项目及日常维护或监督工作	
26	上级临时交代的工作	

行政人事部每周检查工作表

日期	项目	时间	内容	责任人
星期一	生产秩序及各部门员工工作状态检查	早上(8:00~11:00)	各部门车间员工上班纪律检查,是否违反管理制度,或做与工作无关的事	
	车间早会执行情况检查	早上(8:00~8:30)	检查早会召开情况、人员到位、精神面貌、上班前准备情况、员工纪律等	
星期二	打卡情况检查	早上(7:30~8:00)	检查公司在职人员是否按照要求打卡,有无迟到、早退、代人打卡的现象	
	宿舍检查	下午(9:00~10:00)	检查员工是否遵守宿舍管理条例、值日卫生情况,宿舍设施的完好情况,等等	

续上表

日期	项目	时间	内容	责任人
星期三	各部门5S、物料堆放、卫生清洁状况检查	早上(8:30～9:00)	按5S考核检查表所有项目进行考核检查,并出通告	
星期四	消防检查	下午(15:00～16:00)	检查并清点全公司所有消防设施的完好情况(楼顶备用水池、消防栓、水带、灭火器等)	
星期五	公共设施检查	下午(14:00～15:00)	检查全公司各楼层门锁、窗户、笼头、排气扇、防盗网、卷闸门等各类设施是否完好	
星期六	工作总结、工作计划检查	上午(15:30～16:00)	各部门负责人每周工作总结及下周工作计划检查	

行政人事部每日工作清单

序号	项目	时间	工作内容	责任人	备注
1	本部门人员早会	8:00～9:00	会议主持、安排,会议纪要记录	人事专员	
2	厂牌检查	8:30～8:40	检查公司在职人员是否按照要求佩戴厂牌	前台	
3	网上招聘	9:00～11:00	网站招聘检查及落实	人事专员	
4	早上打卡检查	8:40～9:00	检查公司在职人员是否按照要求打卡,有无迟到、早退、代人打卡的现象	前台	

公司人事任免通知（模板）

根据公司经营发展需要，经总经理和管理层研究决定，现做出以下任免决定。

_____部门

任命_____（姓名）为_____（职位名称），向_____（职位）汇报工作，生效日期为_____年_____月_____日。

任命_____（姓名）为_____（职位名称），向_____（职位）汇报工作，同时免去其_____职务，生效日期为_____年_____月_____日。

_____部门

免去_____（姓名）_____职务，即刻生效。

任命_____（姓名）为_____（职位名称），兼管_____部，同时向_____（职位）和_____（职位）汇报工作，生效日期为_____年_____月_____日

_____（姓名）仍继续担任_____（职位名称），兼管_____部，向_____（职位）汇报工作，生效日期为_____年_____月_____日任免人员和人事部须立即启动交接工作，确保工作顺利衔接。

_____有限公司

_____年____月____日

员工手册制订流程

《员工手册》是企业内部的基本规定，《员工手册》制定是否符合民主程序，是考量《员工手册》是否合规合法的一个必经流程。

以下是规范版本的民主程序流程，供大家参考。

员工代表推荐函

本部门全体员工：

公司要制订(修订)《员工手册》，本部门推荐如下员工代表参与对《员工手册》核心内容以及相关条款进行分析讨论，提出相应的方案和意见，并对《员工手册》是否通过进行投票表决。

本部门人员签字确认：_____

《员工手册》讨论制定的会议记录

召集部门：＿＿＿＿＿＿＿

地点：＿＿＿＿＿＿＿

时间：＿＿＿＿＿＿＿

＿＿＿＿年＿＿月＿＿日在公司会议室召开员工代表大会，对《员工手册》的制定进行了讨论，参加会议的员工代表＿＿＿＿＿＿人，公司代表＿＿＿＿＿＿人，共计参加会议＿＿＿＿＿＿人，会议由公司＿＿＿＿＿＿主持。

会议议程：

一、由公司人事部经理对《员工手册》的制定目的及相关内容进行宣传指导。

二、由公司人事部经理对拟定的《员工手册》逐条进行宣读，员工代表、公司代表逐条进行讨论和审议、修订。

三、对存有异议的、修订的条款进行表决。

四、对于《员工手册》进行最后定稿和颁布时间等事宜进行表决。

与会人员签字：＿＿＿＿＿＿＿

《员工手册》通过的会议记录

召集部门：＿＿＿＿＿＿＿

地点：＿＿＿＿＿＿＿

时间：＿＿＿＿＿＿＿

＿＿＿＿年＿＿月＿＿日在公司会议室召开员工代表大会，对《员工手册》是否通过进行全体表决，参加会议的员工代表＿＿＿＿＿＿人，公司代表＿＿＿＿＿＿人，共计参加会议＿＿＿＿＿＿人，会议由公司＿＿＿＿＿＿主持。

与会人员一致表决通过了《员工手册》审定的全部内容。

与会人员签字：＿＿＿＿＿＿＿

《员工手册》领取登记表

序号	部门	姓名	签字	日期	备注

礼仪管理

行政人员安排会议、宴席、乘车等座次非常讲究,掌握礼仪避免尴尬。

会议主席台座次安排

(1)主席台必须排座次放置姓名牌,以便领导同志对号入座,避免上台之后互相谦让。

(2)主席台座次排列,领导为单数时,主要领导居中,2号领导在1号领导左手位置,3号领导在1号领导右手位置;领导为偶数时,1、2号领导同时居中,2号领导依然在1号领导左手位置,3号领导依然在1号领导右手位置。

(3)几位领导人同时上主席台,通常按机关排列次序排列,可灵活掌握,不生搬硬套。如对一些德高望重的老同志,也可适当往前排,而对一些较年轻的领导同志,可适当往后排。另外,对邀请的上级单位或兄弟单位的来宾,也不一定非得按职务高低来排座位,通常掌握的原则是:上级单位或同级单位的来宾,其实际职务略低于主人一方领导的,可安排在主席台适当位置就座。这样,既体现出对客人的尊重,又使主客都感到较为得体。

(4)对上主席台的领导同志能否届时出席会议,在开会前务必逐一落实。领导同志到会场后,要安排在休息室稍候,再逐一核实,并告之上台后所坐方位。如主席台人数很多,还应准备座位图。如有临时变化,应及时调整座次、名签,防止主席台上出现名签差错或领导空缺,还要注意认真填写名签,谨防出现错别字。

主席台人数为奇数时,座位安排如下。

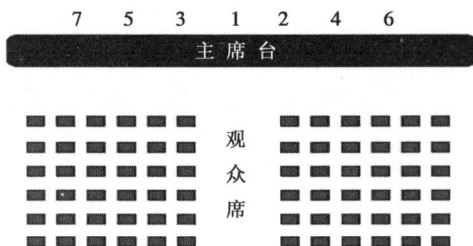

长条桌会议座位安排如下。

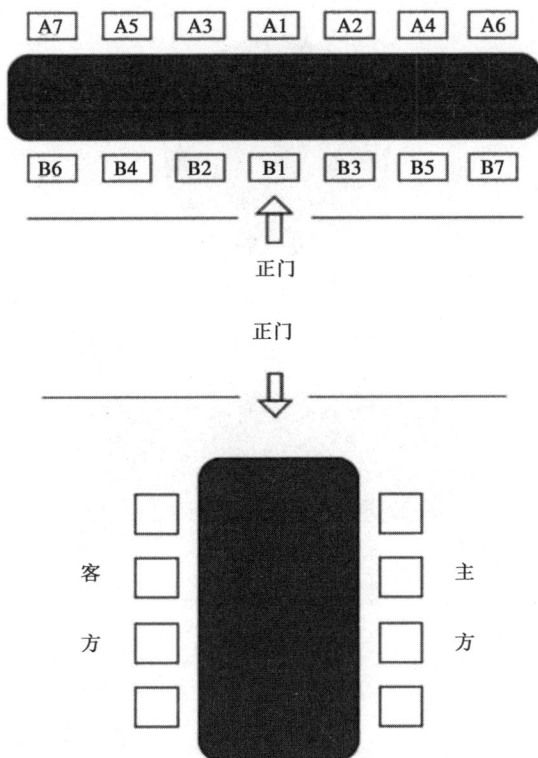

| A7 | A5 | A3 | A1 | A2 | A4 | A6 |

| B6 | B4 | B2 | B1 | B3 | B5 | B7 |

正门 ⇧

正门 ⇩

客方　□□□□　主方

注:A 为上级领导,B 为主方席

主席台人数为偶数时,座位安排如下。

```
    7   5   3   1   2   4   6   8
┌──────────────────────────────┐
│           主 席 台            │
└──────────────────────────────┘
```

观众席

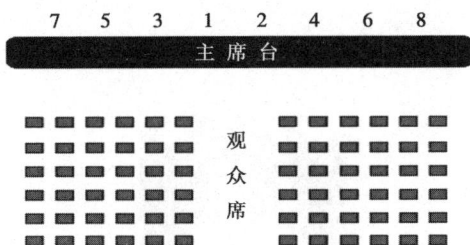

宴席座次的安排

宴请客人,一般主陪在面对房门的位置,副主陪在主陪的对面,1 号客人在主陪的右手,2 号客人在主陪的左手,3 号客人在副主陪的右手,4 号客人在副主陪的左手,其他可以随意。以上主陪的位置是按普通宴席掌握,如果场景有特殊因素,应视情而定。

中餐桌位置排列如下。

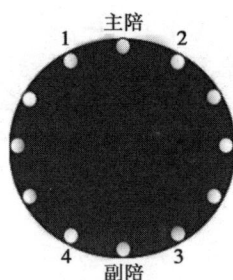

西餐桌位置排列如下。

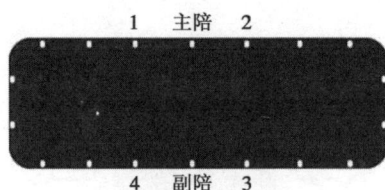

签字仪式座次安排

签字双方主人在左边，客人在主人的右边。双方其他人数一般对等，按主客左右排列。

乘车的座次安排

小轿车 1 号座位在司机的右后边，2 号座位在司机的正后边，3 号座位在司机的旁边（如果后排乘坐 3 人，则 3 号座位在后排的中间）。中轿主座在司机后边的第一排，1 号座位在临窗的位置。

乘车时座次的安排如下。

备注：合影座次安排与主席台安排相同。

接待礼仪知识

迎接礼仪

迎来送往,是社会交往接待活动中最基本的形式和重要环节,是表达主人情谊、体现礼貌素养的重要方面。尤其是迎接,是给客人良好第一印象的最重要工作。给对方留下好的第一印象,就为下一步深入接触打下了基础。迎接客人要有周密部署,应注意以下事项。

(1)对前来访问,洽谈业务,参加会议的外国、外地客人,应首先了解对方到达的车次、航班,安排与客人身份、职务相当的人员前去迎接。若因某种原因,相应身份的主人不能前往,前去迎接的主人应向客人做出礼貌的解释。

(2)主人到车站、机场去迎接客人,应提前到达,恭候客人的到来,绝不能迟到让客人久等。客人看到有人来迎接,内心必定感到非常高兴,若迎接来迟,必定会给客人心里留下阴影,事后无论怎样解释,都无法消除这种失职和不守信誉的印象。

(3)接到客人后,应首先问候"一路辛苦了""欢迎您来到××城市"等。然后向对方作自我介绍,如果有名片,可送予对方。注意送名片的礼仪:

①当你与长者、尊者交换名片时,双手递上,身体可微微前倾,说一句"请多关照"。你想得到对方名片时,可以用请求的口吻说:"如果您方便的话,能否留张名片给我?"

②作为接名片的人,双手接过名片后,应仔细地看一遍,千万不要看也不看就放入口袋,也不要顺手往桌上扔。

(4)迎接客人应提前为客人准备好交通工具,不要等客人到了才匆忙准备交通工具,那样会因让客人久等而误事。

(5)主人应提前为客人准备好住宿,帮客人办理好一切手续并将客人领进房间,同时向客人介绍住处的服务、设施,将活动的计划、日程安排交给客人,并把准备好的地图或旅游图、名胜古迹等介绍材料送给客人。

(6)将客人送到住地后,主人不要立即离去,应陪客人稍作停留,热情交谈,谈话内容要让客人感到满意。比如,客人参与活动的背景材料,当地风土人情,有特点的自然景观、特产、物价等。考虑到客人一路旅途劳累,主人不宜久留,让客人早些休息。分手时将下次联系的时间、地点、方式等告诉客人。

接待礼仪

接待客人要注意以下几点:

(1)客人要找的负责人不在时,要明确告诉对方负责人到何处去了,以及何时回本单位。请客人留下电话、地址,明确是由客人再次来单位,还是我方负责人到对方单位去。

(2)客人到来时,我方负责人由于种种原因不能马上接见,要向客人说明等待理由与等待时间,若客人愿意等待,应该向客人提供饮料、杂志,如果可能,应该时常为客人换饮料。

(3)接待人员带领客人到达目的地,应该有正确的引导方法和引导姿势。

①在走廊的引导方法。接待人员在客人二三步之前,配合步调,让客人走在内侧。

②在楼梯的引导方法。当引导客人上楼时,应该让客人走在前面,接待人员走在后面,若是下楼时,应该由接待人员走在前面,客人在后面,上下楼梯时,接待人员应该注意客人的安全。

③在电梯的引导方法。引导客人乘坐电梯时,接待人员先进入电梯,等客人进入后关闭电梯门,到达时,接待人员按下"打开"的按钮,让客人先走出电梯。

④客厅里的引导方法。当客人走入客厅,接待人员用手指示,请客人坐下,看到客人坐下后,才能行点头礼后离开。如客人错坐下座,应请客人改坐上座(一般靠近门的一方为下座)。

(4)诚心诚意地奉茶。我国人民习惯以茶水招待客人,在招待尊贵客人时,茶具要特别讲究,倒茶有许多规矩,递茶也有许多讲究。

乘车礼仪

1. 小轿车

(1)小轿车的座位,如有司机驾驶时,以后排右侧为首位,左侧次之,中间座位再次之,前坐右侧殿后,前排中间为末席。

(2)如果由主人亲自驾驶,以驾驶座右侧为首位,后排右侧次之,左侧再次之,而后排中间座为末席,前排中间座则不宜再安排客人。

(3)主人夫妇驾车时,则主人夫妇坐前座,客人夫妇坐后座,男士要服务于自己的夫人,宜开车门让夫人先上车,然后自己再上车。

(4)如果主人夫妇搭载友人夫妇的车,则应邀友人坐前座,友人之妇坐后座,或让友人夫妇都坐前座。

(5)主人亲自驾车,坐客只有一人,应坐在主人旁边。若同坐多人,坐前座的客人中途下车后,在后面坐的客人应改坐前座,此项礼节最易疏忽。

(6)女士登车不要一只先踏入车内,也不要爬进车里。需先站在座位边上,把身体降低,坐到位子上,再将双腿一起收进车里,双膝一定保持合并的姿势。

2.吉普车

吉普车无论是主人驾驶还是司机驾驶,都应以前排右坐为尊,后排右侧次之,后排左侧为末席。上车时,后排位低者先上车,前排尊者后上。下车时前排客人先下,后排客人再下车。

3.旅行车

我们在接待团体客人时,多采用旅行车接送客人。旅行车以司机座后第一排,即前排为尊,后排依次为小。其座位的尊卑,依每排右侧往左侧递减。

馈赠礼仪

在经济日益发达的今天,人与人之间的距离逐渐缩短,接触面越来越广,一些迎来送往及喜庆宴贺的活动越来越多,彼此送礼的机会也随之增加。但如何挑选适宜的礼品,对每一个人都是费解的问题。懂得送礼技巧,不仅能达到大方得体的效果,还可增进彼此感情。

(1)送礼忌讳。

①选择的礼物,你自己要喜欢,你自己都不喜欢,别人怎么会喜欢呢?

②为避免几年选同样的礼物给同一个人的尴尬情况发生,最好每年送礼时,做一下记录为好。

③千万不要把以前接收的礼物转送出去,或丢掉它,不要以为人家不知道,送礼物给你的人会留意你有没有用他所送的物品。

④切勿直接去问对方喜欢什么礼物,一方面可能他的要求会导致你超出预算;另一方面你即使照着他的意思去买,可能会出现这样的情况,就是:"呀,我曾经见过更大一点的,大一点不是更好吗?"

⑤切忌送一些将会刺激别人感受的东西。

⑥不要打算以你的礼物来改变别人的品位和习惯。

⑦必须考虑接受礼物人的职位、年龄、性别等。

⑧即使你比较富裕,送礼物给一般朋友也不宜太过,而送一些有纪念的礼物较好。如你送给朋友儿子的礼物贵过他父母送他的礼物,这自然会引起他父母的不快,同时也会令两份礼物失去意义。

接受一份你知道你的朋友难以负担的精美礼品,内心会很过意不去,因此,送礼的人最好在自己能力负担范围内较为人乐于接受。

⑨谨记除去价钱牌及商店的袋装,无论礼物本身是如何不名贵,最好用包装纸包装,有时细微的地方更能显出送礼人的心意。

⑩考虑接受者在日常生活中能否应用你送的礼物。

（2）鲜花赠友人。

爱花是人类的天性。一束花，几枝玲珑剔透的枝叶，配上色彩调和的花器，忽地眼前一亮，就能把阴沉、烦闷、忧郁一扫而光，而带来了满眼的光辉和整室的生气，使人们在赏心悦目之余，陶醉在安静祥和之中。这时的一盆花，不仅会带给你心灵的舒适，更是精神的寄托。这就是插花的功效。在节日期间，送给对方一束花，对增进彼此的感情大有好处。因此，什么节日、什么季节送什么样的插花，很有讲究。

①节日选花。

圣诞节：在严寒的冬天，百花凋零，只有细长的圣诞红随风摇曳。因此12月份的花，最好以菊花、玫瑰和圣诞红为主。

春节：这是合家团聚，一家大小互道新年快乐的好时节，以水仙花、天堂鸟、佛手、百合、松枝为主。

母亲节：这是感谢母亲恩情的节日，应用插花来表达孝心，可以康乃馨为主。

②季节选花。

仲夏插花：夏天阳光高照，炙热难当，我们需要的是清凉舒适，插花亦以莲花、康乃馨、玫瑰为主，花材不宜多，以清淡感为佳。

秋季插花：秋天枫叶红满山，金风送爽，宁静飘逸，是诗人的季节。插花以百合、黄菊为主，具有秋天特有的风情。

冬季插花：冬天瑟瑟寒风，人们多愿意留在家中，不妨以红玫瑰、铁树叶等代表冬日之太阳，令人们心中充满暖意。

第三章
5S 推行篇

5S 委员会组织架构及职责

5S 委员会组织架构

5S 委员会组织架构，如下图所示。

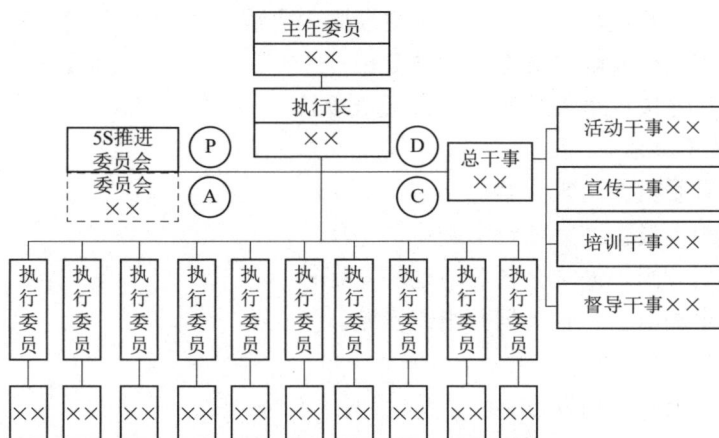

5S 委员会职责说明

1. 主任委员职责

(1)批准 5S 实施方针；

(2)审批 5S 项目计划；

(3)批准委员会会议决议事项；

(4)5S 活动中拥有最高裁决权。

2. 执行长职责

(1)负责委员会的运作、统筹、指挥、监督；

全局工作，5S 活动中拥有最高执行权。

(2)主任委员不在公司期间代表主任委员履行职责。

3. 执行委员职责

(1)按照公司项目总体计划制订本部门计划并执行；

(2)组织本部门人员；

(3)推动本部门项目的改善；

(4)制定本部门项目规范；

(5)对本部门员工进行检查；

(6)对所负责的推进小组开展的绩效负责；

(7)接受执行长的指挥,确保组织在规范内运作。

4.总干事职责

(1)执行委员会决议项目企划方案；

(2)组织文宣、活动、督导及培训项目；

(3)组织检查、评比、考核及结果的统计和公布；

(4)设定改善主题,组织改善项目的推进；

(5)督导改善项目在设定的目标与期限内完成；

(6)办理执行长临时交办事项并汇报；

(7)委员会决议事项的追踪及汇报执行长 。

5.宣传干事职责

(1)制订委员会文宣方案；

(2)组织委员会文宣项目实施；

(3)策划并组织委员会各项活动和竞赛；

(4)制定委员会文宣计划并组织实施。

6.培训干事职责

(1)制订委员会培训方案；

(2)组织委员会培训项目实施；

(3)策划并组织委员会各项培训活动；

(4)制订委员会培训计划并组织实施。

7.督导干事职责

(1)按照委员会的分工安排指导执行委员开展项目；

(2)组织、指导、跟进各委员制订培训及整改计划；

(3)组织、指导、跟进执行委员各项计划进展；

(4)总结各委员落实情况,向总干事报告工作进度；

(5)对所指导的执行委员开展的绩效负责。

8.活动干事职责

(1)制订委员会活动方案；

(2)组织委员会活动项目实施；

(3)策划并组织委员会各项活动；

（4）制订委员会决议活动计划并组织实施。

9.5S 委员会小组成员职责

（1）负责本小组区域内 5S 工作（按时按质）；

（2）积极协助小组长、推行干事对 5S 的改善工作；

（3）对本小组区域内各自岗位所属的责任区域 5S 工作负责；

（4）自己的工作环境不断地整理、整顿，物品、材料及资料不可乱放。不用的东西要立即处理，不可使其占用作业空间；

（5）通道必须经常维持整洁和畅通；

（6）物品、工具及文件等放置于规定场所并保持整洁；

（7）要养成随时随地捡起地面上的纸屑等垃圾和物件的习惯，并放置于规定场所；

（8）配合工作安排，主动对自己的工作环境进行整理、整顿和清扫；

（9）物品、工具及文件等放置整齐有序，保持工作区域内的清洁和畅通，养成随时随地拾起地面上的纸屑、布屑、材料屑、零件的良好习惯。

5S 管理制度方案

第一条　目的：为了改善作业环境、提升工作效率及员工整体素质，促进 5S 现场管理，特制定本制度。

第二条　适用范围：公司的所有区域。

第三条　适用对象：公司所有员工。

第四条　为了推进 5S 的管理，公司成立"5S 管理委员会"，由公司总经理、各科室成员、班组长及一线人员组成，负责推行、检查、考核公司的 5S 现场管理工作。

第五条　5S 管理委员会的职责：落实公司 5S 推进的各项工作及政策，全面提升工作现场的美观和整洁，达到高质、高效的工作效果。

第六条　5S 的定义及目的，5S 是指整理（SEIRI）、整顿（SEITON）、清扫（SEISO）、清洁（SEIKETSU）、素养（SHITSUKE），简称为"5S"。

（1）整理。区分要用和不用的物品，不用的物品从现场彻底清除掉。

（2）整顿。需用物品按规定定位、定量摆放整齐，并标识清楚。

（3）清扫。清除责任区域的杂物、脏污，并防止污染的发生。

（4）清洁。将前 3S（整理、整顿、清扫）的实施做到彻底化、制度化、规范化，并维持成果。

（5）素养。努力提高人员技能及修养，养成按制度、流程办事的工作作风。

第七条 5S要求

1. 整理

(1) 按要用和不用区别物品,按使用频率和预期使用周期,区别有用物品。

(2) 无用、不用、超过 3 个月才用的物品,坚决从工作现场清除。公司和部门根据实际情况,确定被清除物品的处理和存放方式。

(3) 定期、随时整理,保证所属工作区域内无不用的物品。

2. 整顿

(1) 生产区域:物料应有明确的放置位置,并按规定整齐摆放。

①车间对所属各区域、工序、工位的物料,按来料、出料方向,待检品、合格品、不良品分类,结合现场分区线对具体位置进行分区规划,集中放置。并将规划方案报经 5S 委员会领导批准和备案。

②车间对各操作工位所使用的货架、推车、物料筐、工具、工装、量具、刀具、辅料等的放置位置进行合理规划,力求做到同一方向、同一工序的各工位协调一致。

③所有物料应有合适的货架存放,不得直接摆放在地面上。物料的存放应区分规格,明确标识,排列整齐,不得混放。各种作业记录、随货文件均按规定定位或随货配放。

④生产现场的图纸、工艺文件、作业指导书均应有编号、标识,不得出现无效版本。由生产科统一管理,使用时配发到对应班组,并指定其在各班组的具体放置位置。

(2) 办公区域:办公设施设备、办公用品用具、文件资料等,均应按规定整齐摆放,并明确标识。

①同一区域内的办公桌椅排列整齐,电脑、文件(资料)架、电话传真、文具等放置位置及方向均应一致。

②桌面上的文件资料(包括文件、标准、图纸、报表、记录等)均按规定分类识别,整齐放置,且为最新有效版本。文件资料、文具等的摆放应做到常用的近,不常用的远,便于取用。

③信件、报纸等有专区、专人保管,不得随意摆放。

(3) 库房:各类物料按库、区、架、层、位的顺序定位,分规格整齐放置,明确标识。

①合理分区,货架编号,定位置定顺序,并有明确标识。

②货架、物料排列整齐有序,按型号、规格、材质、进货批次或时间先后分类放置,并统一格式进行标识,标识的方向应尽量一致,并便于取放。

③已进库物料必须有合适的货架存放,不得直接裸放在地面上。

④不合格品、待退供方物料应隔离存放,并有显著标识,防止被误用。

⑤精工组和油漆房的油料、化学品、危险品、易燃易爆品应有明确标识,并注意安全防护。

(4)各区域必须保持通道畅通,均不得压线放置。

(5)工具柜、资料柜内的物品摆放整齐,有明确分类,便于查找取放。

(6)各区域的辅助用品(如风扇、扫帚、拖把、抹布、桶、垃圾箱、肥皂盒、消防栓、灭火器等),必须定位、整齐放置。

(7)私人物品不得出现在生产办公现场的可见位置上。同一区域内的饮水机、饮水杯应尽量集中定位。

3. 清扫

(1)各区域的生产设备设施(如电焊机、机床等)器具、办公设施用品等表面无污垢、积油积尘。各工位附近不应有散落地面的物料、铁削、切削液、零件。

(2)地面、墙面及天花板干净,不胡乱涂贴,无不必要的悬挂。

(3)门、窗户及玻璃清洁明亮,窗台上无杂物。

(4)通道及公共区域定期整理清扫。

(5)每天下班前进行本工位(或办公桌)清洁,工量具、资料、文具进柜进架,不得摆放在桌面或工位上。办公桌、会议桌离人半小时以上时,椅子归位。

(6)每周至少进行一次区域大扫除。

4. 清洁

(1)发现地面上的成片积水积油、照明或辅助设施故障应及时报告,查找原因予以排除。消防器材、出入口、疏散口、配电箱前不得放置有碍操作的物品。

(2)物料托盘应避免堆码,半成品在现场的堆码不得超过五层,并防止被剐碰后歪倒坠落。

(3)随时注意保持整理、整顿、清扫成果,保证工位现场符合规定要求。

(4)设备标识明确,非正常、检修状态应有明显标识。

(5)生产现场多余的物料、配件一律交放保管室。

(6)各类现场记录规范、准确无遗漏。

5. 素养

(1)全体员工必须养成良好习惯,自觉按规定推行 5S 现场管理。

(2)公司及各部门,定期开展生产、安全、业务、质量、5S 等培训。坚持周会、月会、班前会。

(3)坚持遵守公司规章制度、按工作流程办事。

(4)上班穿工作服,着装得体,注意仪容。待人有礼貌,言语得体。说话、打接电话避免声音过大影响他人。

(5)工作时间不得睡觉、打瞌睡。不看与工作无关的书报以及佩戴耳机。不聚众喧嚷打闹、大声谈笑,不长时间讨论与工作无关的事情影响他人。

(6)定点吸烟,不乱扔烟头、垃圾等杂物。

(7)不擅自串岗、离岗。

第八条 公司成立"5S管理委员会",由公司总经理、各科室成员、班组长及一线人员组成,负责推行、检查、考核公司的5S现场管理工作。

第九条 全公司分为办公室、金工、吹塑、注塑、发泡、汽配、物料产品仓库、钢件、涂装、总装等十个考核区域。各考核单位的责任区域对应目前属地的区域:

第十条 各考核区域内部根据实际情况,按工序、区域或工位划分责任到个人。

第十一条 考核细则

(1)每周随机由常务副总、各科室办公室及各车间仓库区域组长组成检查小组对所有考核区域进行集体检查。

(2)检查小组检查时,必须对检查点及不合格事项进行说明,交5S办公室汇总。必要时还可以对不合格或特别优秀检查点拍照存档。

第十二条 考核评比及公布

(1)公司在合适位置设置"5S"宣传管理看板,张贴5S宣传资料,并按周将各部门考核结果进行公示。

(2)公司于每周初根据上周考核结果,对单项次扣分达2分的,向对应部门下达"5S通知单",明确不合格情况、建议整改措施、要求完成日期。通知单一式二份(公司一份,被考核区一份)。已按要求完成的,关闭整改项;未完成的,加强督促整改,并将结果报公司检查小组。

(3)公司制作流动锦旗,锦旗分为红黄两种颜色(红旗为优胜,黄旗为加油),每周将流动锦旗授予上周考核得分最高和最低的部门,并按规定悬挂于指定的明显位置。每次检查要选出第一名与最后一名,分别奖励为第一名:500元;最后一名:乐捐(罚款)100元(分数均达到90分的不作处罚)。

第十二条 奖惩 检查小组将当月的全部考核评分结果按考核区域汇总,编制"5S考核奖惩通知单",由总经理签字审核。每月的"5S奖惩通知单"还必须分发到各考核区域负责人。

第十三条 本制度自下发之日起执行。

第十四条 附表

车间5S现场管理考核检查表

办公室5S现场管理考核检查表

库房 5S 现场管理考核检查表

车间 5S 现场管理考核检查表

考核单位： 考核人： 考核时间： 年 月 日

项目	项次	检查内容	分值	扣分	扣分事项简述
整理	1	生产现场无不用或长期无用的物品	6		
	2	切屑、废料当班清理	5		
	3	工位、工具桌无废料、废资料、废纸	3		
	4	通道畅通，物料分区定位，无压线出线	6		
	5	物料、工具、转运板车放置整齐合理，生产物料不裸放地面	6		
	6	标识统一、美观、规范、明确，不合格品隔离存放并有明确标识	5		
	7	图纸工艺文件、随货单、记录规范到位	3		
	8	工具柜、资料柜内分类明确，便于查找	3		
	9	清洁用具、消防辅助用品定置，整齐	3		
	10	现场无可见私人物品，水杯统一定位	3		
清扫	11	设备设施、器具清洁无积垢积尘见本色	6		
	12	地面、墙面干净，无积油积水	5		

续上表

项目	项次	检查内容	分值	扣分	扣分事项简述
清扫	13	门、窗户及玻璃清洁明亮,窗台无杂物	5		
	14	下班进行工位清洁整理	3		
	15	每周一次大扫除	5		
清洁	16	随时注意保持整理、整顿、清扫	5		
	17	设施完好可用,非正常状态有明显标识,无灯不亮	3		
	18	消防器材、通道口、配电箱前畅通	3		
	19	物料箱堆码规范,无歪倒跌落	3		
素养	20	坚持利用周会、月会等进行 5S 培训	5		
	21	注重安全,无违纪违章,遵守规定流程	3		
	22	着装得体,注意礼仪,不睡觉,不打闹,不串岗,不影响他人	5		
	23	节约用水用电,有节约成本意识	3		
	24	定点吸烟,烟头入纸篓	3		
扣罚	25	未按规定完成整改扣 10 分(由办公室考核)	0		
	26	连续三周被罚后进扣 10 分(由办公室考核)	0		
总分			100		

办公室 5S 现场管理考核检查表

考核单位：　　　　　考核人：　　　　　考核时间：　　　年　月　日

项目	项次	检查内容	分值	扣分	扣分事项
整理	1	现场无不用或长期无用的物品	6		
	2	办公桌椅、文件夹无冗余,维持最低限度	5		
	3	无废资料、废纸	3		
整顿	4	桌椅摆放整齐合理,通道畅通	6		
	5	各种文件资料按类别定位放置,标识明确	6		
	6	抽查应无失效版本,需要的文件能马上取出	5		
	7	柜、架、报纸、信件有管理责任人	3		
	8	抽屉、文件柜内部分类明确,便于查找	3		
	9	清洁用具、消防辅助用品定置,整齐	3		
	10	无可见私人物品	3		
清扫	11	办公设施用品清洁无积垢积尘	5		
	12	地面、墙面及天花板干净,无积油积水	5		
	13	门、窗户及玻璃清洁明亮,窗台无杂物	5		
	14	人走半小时椅凳归位,下班进行清洁整理	3		
	15	每周一次大扫除	5		

续上表

项目	项次	检查内容	分值	扣分	扣分事项
清洁	16	区域及桌面美观,不杂乱	5		
	17	随时注意保持整理、整顿、清扫	3		
	18	空调、电脑、电话传真、饮水机保持清洁	3		
	19	垃圾桶定期清理,无过度盛装	3		
素养	20	坚持利用周会、月会等进行 5S 培训,节约用水、用电、用纸	5		
	21	无违纪违章,工作遵守按规定流程	5		
	22	着装得体,注意礼仪,不睡觉,不打闹,不串岗,不影响他人	4		
	23	礼貌接待,注意对外维护企业形象	3		
	24	定点吸烟,烟头入篓	3		
扣罚	25	未按规定完成整改扣 10 分(由总经办考核)	0		
	26	连续三周被罚后进扣 10 分(由总经办考核)	0		
总分			100		

库房 5S 现场管理考核检查表

考核单位：　　　　　考核人：　　　　　考核时间：　　　年　　月　　日

项目	项次	检查内容	分值	扣分	扣分事项
整理	1	办公现场无不用或长期无用的物品	6		
	2	办公桌椅、文件夹无冗余,维持最低限度	5		
	3	无废资料、废纸,无废容器	3		
整顿	4	通道畅通,物料分区定位,无压线出线	5		
	5	分区合理,区架有标识,无跨区混区	3		
	6	物料、货架整齐合理,物料不裸放地面	3		
	7	标识统一、美观、规范、明确	5		
	8	无标识错误、混规格、混材质、混批	5		
	9	不合格品、待退供方物料隔离存放,并有显著标识,不误发误用隔离物料	6		
	10	化学品、危险品有隔离标识,防护得当	3		
	11	清洁用具、消防、办公用品定置,整齐	3		
	12	无可见私人物品	3		
清扫	13	物料、货架容器清洁无积垢积尘	6		
	14	地面、墙面及天花板干净,无积油积水	5		

项目	项次	检查内容	分值	扣分	扣分事项
清扫	15	门窗清洁,下班进行清洁整理	3		
	16	二楼平台保持清洁,规范	3		
	17	每周一次大扫除	5		
清洁	18	随时注意保持整理、整顿、清扫	5		
	19	消防器材、疏散口、配电箱前畅通	3		
	20	物料箱堆码规范,无歪倒跌落	3		
	21	物料不放置于露天场所,不在外过夜	3		
素养	22	坚持学习培训,提升素养	4		
	23	注重安全无违纪违章,遵守规定流程	4		
	24	着装得体,注意礼仪,不睡觉,不打闹,不串岗,不影响他人,严禁吸烟	3		
扣罚	25	未按规定完成整改扣10分(由办公室考核)	0		
	26	连续三周被罚后进扣10分(由办公室考核)	0		
总分			100		

5S 执行标准

一、整理

(1)工作台上无用或暂时无用的物品须取走。

（2）工作区域内物品的放置应有整体感。

（3）不同类型的，不同用途的物品应分开管理。

（4）一切私人物品不许在工作区域内出现。

（5）物品应平行垂直摆放。

（6）长期不使用的物品应退库，长期使用的物品应区分保管。

（7）工作台、垃圾桶等应在指定标志场所按水平直角放置。

（8）作业岗位不能放置与当前工作无关的物品、工具。

（9）把能够再次利用的纸张做出标识并准备再行使用。其中，用于打印的纸张需要去掉书钉整理好备用。不能再次利用而有企业商业信息的纸张要撕碎或销毁。

（10）地面不能直接放置易受潮、受损物品。

（11）施工现场不应放置多余物品及掉落物品。

（12）不良品与合格品要能够区分（根据需要做出标识）。

（13）施工现场及危险要做出标识。

（14）电源线及其他线缆必须管理好，不应杂乱无章的抛落地上。

（15）测量用具应妥善放置，避免失准。

（16）各类机械设备上不能放置多余物品。

（17）各种作业工具、物品的放置方法是要简便易行、方便作业。

（18）工具箱、工具架上不能放置与工作无关的杂物。

二、整顿

（1）消耗品、用具等应在指定场所按水平直角放置。

（2）文件的存放，应按不同内容分开存放并详细注明。

（3）桌面文具、文件摆放是否整齐有序，物品是否都是必需品。

（4）办公桌、电脑及其他办公设施是否干净、无尘。

（5）人员仪表端正，精神饱满，都在认真工作。

（6）各类标志应无破损、无起皱，完好水平直角放置在指定区域。

（7）各种文化类标志、口号标准书版应在指定场所水平直角放置。

（8）宣传白板、公布栏内容应适时更换，应有责任部门及担当者。

（9）工作区内的通行、通道上不能放置任何物品。

（10）休息区内各类物品、器皿、器具用后应重新整顿。

（11）不允许放置物品的地方要有标识。

（12）修理品、待处理品应做出标识。

（13）物品放置处应有余量，要考虑取与放的便利性。

（14）各类用具应采取防尘、防锈的方法放置。

(15)私人用品,如衣物、鞋、帽、杯子等应按规定放置在指定的箱、柜、架上。

(16)各种材料等应能够区分其种类、品名、规格等。

(17)各种检测量具的放置,下面应使用橡胶之类的缓冲材料衬垫。

(18)各种清洁、清扫用具,用后应放到指定场所。

(19)垃圾是否及时倾倒。

三、清扫

(1)地面应保持无灰尘、碎屑、纸屑、铁屑等杂物。

(2)墙角、设备、箱柜下应为重点清扫区域。

(3)设备及地面上浸染的油污应清洗并绝对杜绝。

(4)各类设备、设施、操作台、办公桌、窗、台,应以无尘化为标准,做到窗明几亮。

四、清洁

(1)工作台、文件柜、检测量具、柜架、货架、门窗等,应无灰尘、无油污。

(2)设备、用具等应无灰尘,无油污。

(3)衣服、鞋袜应整齐干净。

(4)清洁用具应保持干净、可用状态。

五、素养

(1)按规定穿戴工服,不穿紧身及暴露衣裤等。

(2)吸烟必须到规定场所。

(3)工作时间内不聚众谈论工作以外的琐事。

(4)不随地吐痰,不随便乱丢垃圾,看见垃圾立即拾起放到规定地点。

(5)上班时间不准进食,如:早餐、零食等。

(6)不做与工作无关的事。

(7)应注意良好的个人卫生,公共场所、区域应保持卫生整洁,杜绝不良习惯。

(8)执行公司各项规章制度,习惯化、标准化并加以持续改进。

(9)积极、认真、按时执行各种工作例会。

(10)对参观来访者等应保持基本礼仪。

(11)按要求使用劳动保护用品,形成文明生产操作习惯。

六、安全

(1)对危险品、危险区域应有明确的标识。

(2)各安全出口的前面不能有物品堆放。

(3)消防器具应在指定位置放置及处于可使用正常运作状态。

(4)消火栓的前面、上面不能有物品放置。

（5）易燃品的持有量应在规定允许范围内。

（6）杜绝各类物品伸入或占用通道。

（7）各种机电设施、设备、柜等的开关及使用保养必须处于正常运作状态，并指定专人负责或制定相关规定。

（8）电源、线路、开关、插座等有否异常现象出现。

（9）对易倾倒物品、危险品等隐患应采取防倒及预防措施。

（10）有否火种，跑、漏电及伤害人身的隐患存在。

（11）对油料、纸制品等易燃物品是否隔离区域放置，并树立警告标识。

（12）严禁各种违章操作。

××有限公司
5S 整理、整顿工作计划推进表

序号	工作项目	项目内容	工作周期（　月　日—　月　日）	责任人	协助单位及个人	督察人
一	"5S"文宣活动	建立 5S 推行委员会（行政、生产）及各车间推行组织系统，《结构图》发至车间主任以上相关人员				
		5S 宣传橱窗（选址、设计、制作）				
		制定《5S 推进委员会职责》（包括各小组成员职责）				
		制定《5S 宣传手册》及《员工 5S 活动标语征集办法》				
		5S 活动检查评比，红、蓝旗制作（三角形），每周、月、规格不同				
二	整理活动	制定《整理整顿活动管理办法》并公布				
		全公司展开整理活动（分类整理及工器具申购、采购）				
		制定检查/评（分）比/奖惩办法并公布（部门/车间）				
		不要物品分类统计、鉴定、移动、统计表发至部门（车间）				

续上表

序号	工作项目	项目内容	工作周期（　月　日—　月　日）	责任人	协助单位及个人	督察人
三	整顿活动	制订检查表，排定轮值表(行政、生产系统)				
		各部门(车间、仓库)绘制平面布局图，上报推委会核准				
		根据布局图画线，定置定位，统一标识(申请、制作、定位)，主道线10厘米，副道线5厘米				
四	整理整顿检查活动	整理整顿检查工作开始(每周六上午9:00)，每日(每周)情况检查(照片、分数、问答等)				
		对照奖惩办法，周六例会讨论检查情况，确定奖惩，周一公布，奖惩兑现				
		推进委员会讨论选定样板车间(部门)				
五	"5S"阶段总结例会	每周六晚6:30～8:00召开行政5S推行委员会例会，总结5S整理整顿成果，协调解决相关事项，布置工作任务				

(注：整理、整顿活动达成目标将由5S推行委员会提前召集责任人讨论，明确目标后按计划实施)

制表：　　　　　审核：　　　　　批准：

××实业有限公司 5S 推行管理办法

一、目的

为了加强5S工作在公司的推行力度，逐步使公司管理人员直至基层员工充分了解5S的基本知识，按照5S标准要求作业，从而进一步完善公司内部管理体系，提高生产效率及产品质量，使5S管理模式长期有效地持续运作。

二、范围

本管理办法适合公司各委员、推行小组及全体员工。

三、推行目标

自 2021 年 4 月开始考核。目标如下：

阶段 部门	第一阶段 2021/4～5 月	第二阶段 2021/6～7 月	第三阶段 2021/8～9 月	第四阶段 2021/10～
生产现场	75 分	80 分	90 分	90 分
备注	—	—	钢件/总装 85 分	—

四、推行步骤及方法

(1)各部门按 5S 要求完善各相关部门的工作文件,教育并要求员工按要求作业。

(2)督导干事负责监督各部门是否按要求作业;有权教育并要求其纠正错误的工作方法。

(3)宣传及培训干事负责对各部门人员进行 5S 精神的宣传指导、培训。

(4)督导干事必须跟踪并确认推行过程中的不符合项的改善效果,直至改善为止。

(5)总干事在每个月末对各推行小组进行考评统计,检查各部门的执行、改善状况。

五、具体要求

(1)"整理"要求。

项次	查检项目	查检状况	自我评价
1	通道状况	有很多东西,或脏乱	
		虽能通行,但要避开,叉车不能通行	
		摆放的物品超出通道	
		超出通道,但有警示牌	
		很畅通,又整洁	
2	工作场所的设备、材料	一个月以上未用的物品杂乱放着	
		角落放置不必要的东西	
		放半个月以后要用的东西,且杂乱	
		一周内要用,且整理好	
		3 日内使用,且整理很好	

续上表

项次	查检项目	查检状况	自我评价
3	办公桌（作业台）上、下及抽屉	不使用的物品杂乱	
		半个月才用一次的也有	
		一周内要用，但过量	
		当日使用，但杂乱	
		桌面及抽屉内均最低限度，且整齐	
4	料架状况	杂乱存放不使用的物品	
		料架破旧，缺乏整理	
		摆放不使用但整齐	
		料架上的物品整齐摆放	
		摆放为近日用，很整齐	
5	仓库	塞满东西，人不易行走	
		东西杂乱摆放	
		有定位规定，没被严格遵守	
		有定位也在管理状态，但进出不方便	
		任何人均易了解，退还也简单	

（2）整顿要求。

项次	查检项目	查检状况	自我评价
1	设备机器仪器	破损不堪，不能使用，杂乱放置	
		不能使用的集中在一起	
		能使用但脏乱	
		能使用，有保养，但不整齐	
		摆放整齐、干净、最佳状态	
2	工具	不能用的工具乱放	
		勉强可有的工具多、均为可用工具，缺乏保养	
		均为可用工具，缺乏保养	
		工具有保养，有定位放置	
		工具采用目视管理	

续上表

项次	查检项目	查检状况	自我评价
3	零件	不良品与良品杂放在一起	
		不良品虽没实时处理,但有区分及标示	
		只有良品,但保管方法不好	
		保管有定位标示	
		保管有定位,有图标,任何人均很清楚	
4	图纸、作业标示书	过期与使用中杂在一块	
		不是最新的,但随意摆放	
		是最新的,但随意摆放	
		有卷宗夹保管,但无次序	
		有目录,有次序,且整齐,任何人很快能使用	
5	文件档案	零乱放置,使用时没法找	
		虽显零乱,但可以找得到	
		共同文件被定位,集中保管	
		以事务机器处理而容易检索	
		明确定位,使用目视管理任何人能随时使用	

（3）"清扫"要求。

项次	查检项目	查检状况	自我评价
1	通道	有烟蒂、纸屑、铁屑、其他杂物	
		虽无脏物,但地面不平整	
		水渍、灰尘不干净	
		早上有清扫	
		使用拖把,并定期打蜡,很光亮	
2	作业场所	同上	
		同上	
		同上	

续上表

项次	查检项目	查检状况	自我评价
2	作业场所	零件、材料、包装材存放不妥,掉地上	
		同上	
3	办公桌作业台	文件、工具、零件很脏乱	
		桌面、作业台面满布灰尘不干净	
		桌面、作业台面虽干净,但破损未修理	
		桌面、台面很干净整齐	
		除桌面外,椅子及四周均干净亮丽	
4	窗、墙板天花板	破烂	
		破烂但仅应急简单处理	
		乱贴挂不必要的东西	
		还算干净	
		干净亮丽,很是舒爽	
5	设备工具仪器	有生锈	
		虽无生锈,但有油垢	
		有轻微灰尘	
		保持干净	
		使用中防止不干净措施,并随时清理	

(4)"清洁"要求。

项次	查检项目	查检状况	自我评价
1	信道和作业区	没有划分	
		有划分,但不流畅	
		画线感觉还可	
		画线清楚,地面有清扫	
		信道及作业区感觉很舒畅	
2	地面	有油或水	
		油渍或水渍显得不干净	

项次	查检项目	查检状况	自我评价
2	地面	不是很平	
		经常清理,没有脏物	
		地面干净亮丽,感觉舒服	
3	办公桌 作业台 椅子 架子 会议室	很脏乱	
		偶尔清理	
		虽有经清理,但还是显得脏乱	
		自己感觉很好	
		任何人都会觉得很舒服	
4	洗手台 厕所等	容器或设备脏乱	
		破损未修补	
		有清理,但还有异味	
		经常清理,没异味	
		干净亮丽,还加以装饰,感觉舒服	
5	储物室	阴暗潮湿	
		虽阴湿,但加有通风	
		照明不足	
		照明适度,通风好,感觉清爽	
		干干净净,整整齐齐,感觉舒服	

(5)"素养"要求。

项次	查检项目	查检状况	自我评价
1	日常 6S 活动	没有活动	
		虽有清洁清扫工作,但非6S计划性工作	
		开会有对6S宣传指导	
		平常做能够做得到的	
		活动热烈,大家均有感受	

续上表

项次	查检项目	查检状况	自我评价
2	服装	肮脏,破损未修补	
		不整洁	
		纽扣或鞋带未带好	
		厂服,识别证依规定	
		穿着整洁,并感觉有活力	
3	仪容	不修边幅且肮脏	
		头发、胡须过长	
		上两项,其中一项有缺点	
		均依规定整理	
		感觉精神有活力	
4	行为规范	举止粗暴,口出脏话	
		衣衫不整,不讲卫生	
		自己的事可做好,但缺乏公德心	
		公司规则均能遵守	
		主动精神,团队精神	
5	时间观念	大部分人缺乏时间观念	
		稍有时间观念,开会迟到的很多	
		不愿时间约束,但会尽力去做	
		约定时间会全力去完成	
		约定时间会提早去做好	

(6)"安全"要求。

项次	查检项目	查检状况	自我评价
1	安全教育宣传活动	是否有安全宣传活动	
		人员操作有按安全规程作业	
		员工有安全意识	
		有开展火警逃离演示	
		有成立消防救灾队伍,且分工明确	

续上表

项次	查检项目	查检状况	自我评价
2	安全生产	上岗作业,员工情绪稳定,作业准备充足	
		有正确按规定穿戴劳动防护用品	
		有严格遵守劳动纪律的安全生产规章制度	
		特种设备无操作证人员不准独立上岗作业	
		领导无违章指挥作为,工人无违章作业现象	
3	消防安全	有建立健全消防制度	
		展开防火安全宣传教育,普及消防知识	
		消防设施有专人检查与防护	
		消防通道有无阻塞、占用	
		消防设施有无定期更新计划	
4	设备安全	有无设备安全检测保养计划	
		非电气维修人员不得维修动用电气设备	
		操作危险设备严禁做与工作无关的动作	
		遵守设备安全操作规定	
		设备操作完毕必须切断电源、汽源、清理场地	
5	安全观念	大部分人缺乏安全观念	
		对安全规章制度不熟悉,在思想上没有安全检查意识	
		稍有安全观念,有操作违规现象	
		员工安全观念很强,能自觉遵守操作规程	
		人人具有生产为了安全,安全为了生产的观念	

六、监督检查办法

(1)每日上班时各推行委员到各自负责的部门检查5S的执行状况,落实前一天现场改善是否符合要求,并填写"日巡查处理表"。

(2)督导干事每月走现场巡查5次,按上、中、下旬不定期依照《5S现场管理检查表》对各部门的5S执行状况进行检查,将检查结果记录在检查表上,督导干事现场拍摄的不符合项图片每张计为2分,公司推行委员会检查组成员可随时单独拍摄各推行小组的不符合项图片,每张图片计为1分;检查小组成员在检查时,禁止相关推行小组派人员跟随及在拍照时提前纠正不符合项;在每旬最后一天前交由执行长确认,以掌握5S整体运作状况。旬例会时间为每月1日、11日、21日,遇节假日顺延。

(3)每月由总干事组织督导干事对各部门5S执行状况进行月度评比,将评比结果汇总在"5S检查评比表"上,每月5S例会时公布评比结果。

(4)5S工作旬例会总结时对各推行小组所提出的《车间缺陷整改单》,由各推行委员在例会时签字确认,必须在预定完成日期内按要求进行纠正,由督导干事跟进纠正结果。

七、奖惩细则

为了全面落实5S制度,营造和谐融洽的管理气氛,安全、舒适的工作环境,激发员工的团队意识,提升全员素养,塑造企业良好的形象,实现共享5S成果,特制定本措施。

(1)考核依据:5S现场管理检查表。

(2)考核标准为评分制,评分分数:100×系数,采取分数倒扣的方式评分。

经5S各推行委员参会现场民主投票表决,最新得分系数如下。

参评小组名单	原有系数	现有系数
吹塑	0.97	0.985
发泡	0.98	0.987
汽配购物车	0.97	0.986
金工	0.96	0.980
注塑	1.00	1.003
物料成品仓库	1.00	0.990
钢件焊接	1.04	1.020
钢件前道	1.03	1.020
涂装	1.00	0.999
总装	1.04	1.024

（3）评比方式：以 5S 组织架构图中的部门为单位，每旬进行评比，每月进行评比汇总，将每次的检查分数进行汇总并公布。评比活动以"月"为单位持续进行，实行部门竞赛，5S 推行委员会可根据 5S 推动状况随时调整评比细则及奖励办法。

（4）考核对象及要求

①各推行小组（推行委员）每天负责对本车间各小组责任人进行评比考核。

②每旬/月评比对象为各推行小组。

③每次评比时必须同时对现场进行拍照留存。

（5）公布方式

①由 5S 推行委员会将每旬（每月）各推行小组 5S 检查情况及结果公布于公司及各推行小组 5S 看板。

②每旬评比综合得分第一名获得红色"我最棒"锦旗，如综合得分与实际得分为同一小组的则颁发一面"我最棒"锦旗；综合得分最后一位为黄色"加把劲"锦旗。如综合得分最后一位的推行小组实际得分为满分的可不挂"加把劲"的锦旗；锦旗悬挂于 5S 看板右上角的指定位置（颁而不挂的，直接扣 4 分，在下期该推行小组的评比分数中扣减）；总结时由执行长颁发锦旗。

（6）奖惩措施

①推行小组的评分在阶段要求分数以上，获得月度综合得分，实际得分第一名的推行小组，公司分别奖励该执行委员各 500 元、300 元，不重复计（如出现同分评比系数高者优先）；月度综合得分最后一名的，扣减该执行委员工资 200 元，如达到阶段要求分数的则不予扣减。没有达到阶段分数的其他推行小组，扣减该执行委员工资 100 元。

②各推行小组每月 5 日前向 5S 推行委员会提交车间每月之星名单，车间须有对其（不少于 20 字）的简短评语，获得"每月之星"的员工由公司给予奖励，奖励分为 50 元和 100 元两个档次，吹塑、金工、发泡、汽配购物车、物料成品仓库评比出的月之星每人每次奖 50 元，其余车间的月之星每人每次奖 100 元。

一个评比年度结束时，累计实际得分名次位列年度第一的奖励 600 元（得分并列的以系数高的为优胜）；累计综合得分名次位列年度第一的奖励 1 000 元（得分并列的以系数高的为优胜）。

③公司 5S 推委会每月依据 5S 奖惩措施在公司 5S 之窗予以奖惩公示。

本管理办法于 2×21 年 1 月 1 日公布，自 2×21 年 1 月 25 日起执行。

××实业有限公司 5S 推行委员会　　　　　　　　2×21 年 1 月 1 日

工作现场划线标准

1.地面通道线、区域划分线

(1)线型。

A类:明黄色油漆实线。

⬇ 线宽60 mm,原则上用于物品定位线;

⬇ 线宽80 mm,原则上用于设备区域线;

⬇ 线宽120 mm,原则上用于主通道线。

图例:

B类:明黄色油漆虚线。

⬇ 线宽60 mm,大型工作区域内部划分线,允许穿越的通道线(可虚实结合)。

图例:

C类:红色实线。

⬇ 线宽60 mm,不良品摆放区的划分线(碰到三面围墙处,第四面地面划一条红色实线)。

图例:

D类:明黄色与黑色组成的斜纹斑马线(倾斜45°)。

⬇ 危险品区域线、警示区域线,消防通道线。

图例:

50 mm

E类:绿色实线。

⬇ 合格品摆放区的划分线和成品仓库的通道线。

图例:

5 cm

说明:在所有适宜贴胶带的地面,在能达到相同外观效果的条件下,可用在地面直接贴胶带的方式代替刷油漆。

(2)定位线。

A类:设备的定位。

◈ 所有设备与工作台的定位均用黄色四角定位线,工作台的四角定位线的内空部分注明"××工作台"字样。

图例:

20 cm

B类:不良品区(废弃物的回收桶、箱、不良品放置架)定位。

◈ 用红色线,如果定位范围小于 40 cm×40 cm,则直接采用封闭实线框定位。

图例:

5 cm

不合格品区

C类:消防器材、油类、化学药品等危险物品的定位。

◈ 使用红白警示定位线。

图例:

20 cm

D类:物料码放架与形状规则的常用物品,所有可以移动或容易移动的设备的定位。

◈ 使用黄色四角定位线。

图例:

20 cm

E 类:消防栓、配电柜等禁放物品的开门区域处的定位。

　使用红白相间的斑马式填充线。

图例:

(说明:红色线宽 5 cm,空白线宽 5 cm,45°倾斜;区域长度与消防栓保持一致、宽度 30 cm 左右)

F 类:门开闭线。

图例:

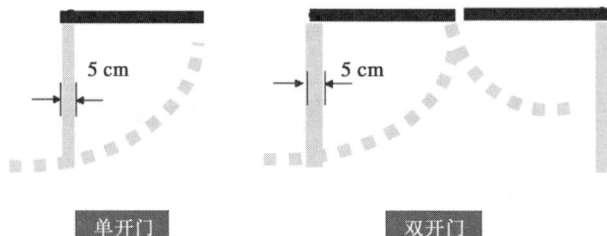

5 cm　　　　　5 cm

单开门　　　　　　　双开门

G 类:限高线。图例:

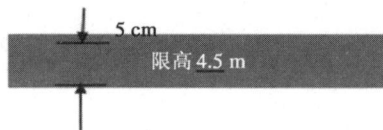

5 cm

限高 4.5 m

H 类:警示范围线。

　设置在墙面的消防栓、配电柜、配电箱、电气控制柜等,提醒作业操作注意的区域,提醒行走注意的区域,提醒碰头的部位等。

图例:

I:台面物品定位。

　待加工零件、已加工零件、作业工具,检查工具、记录表、小物盒。

图例:

→||←1 cm

2. 通道画线

类别	通道宽度	通道线			区域形成方式	转弯处
		颜色	宽度	线型		
车道主通道	2.0～2.5 m	黄色	100 mm	实线	以主大门中心线为轴线对称分布	300 mm 斜线
内部货流通道	1.0～1.5 m	黄色	80 mm	实线	以通道最宽处中垂线为对称分布	300 mm 斜线
内部人流通道	0.8～1.0 m	黄色	80 mm	实线		
临时通道	间隔等线宽	黄色	60 mm	斑马线		

图例：

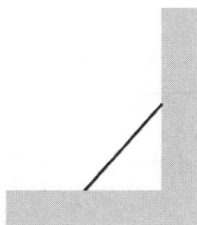

（注：红色斜线长度为通道宽的 1/2 或者 1/3，如搬运机具须跨越区段，则画虚线）

3. 刷油漆的注意事项

因电脑显示效果与实际颜色有一定的偏差，可根据各种颜色（明黄色、天蓝色、大红色、标准绿色）的实际效果调配颜色，但要求与电脑所显示的色样效果接近，且在工厂内部保持一致。

4. 工具标识牌

公司统一订制的工具柜、模具架、物品柜标识牌（贴在柜门左上角），标明工具类别、负责人。

图例:

×× 工具
责任人:
类 别：(1)_____
(2)_____
(3)_____
(4)_____

尺寸：90 mm×60 mm

各单位在具体执行时可做个别调整,如一些只需标识名称的简单场合可自行打印制作,但要求醒目、美观,力求单位内部统一规范。

5.车间物料标识牌

车间内部的物料放置点、待加工、已加工物料放置点,对物料名称、数量、规格以及最大上限的控制。

图例:

物 料 标 识 卡			
名称		规格	
数量		批号	

6.区域标识牌设置

名称	规格尺寸	材料	版面	放置方式
工位	300 mm×200 mm	金属或塑料	白底蓝字	悬挂放置
设备状态标识	200 mm×150 mm	铝塑或泡沫	正常运行(绿色) 故障维修(红色) 停用保养(黄色)	悬挂放置
安全重要区域标识	400 mm×300 mm	金属或铝塑	"安全重点区"字样	醒目位立式放置
区域标识	300 mm×200 mm	金属或塑料	白底蓝字 (废品:用红字)	立式放置

7.其他注意事项

(1)垃圾桶不靠墙定点存放,定时清理,不得外溢和积压。

（2）工作场所定置图要规划和显示出。①生产场地（或班组区域位置）；②通道；③在制品周转地；④垃圾存放点；⑤其他。

（3）工作或生产现场内，凡定置图中未注明的设施和物品应予以清除，做到图物相符。

（4）车间里面的窗户不能悬挂窗帘或其他障碍物。

（5）班组休息区有明确的位置与标语。

××整改计划表

项目序号	整改前					整改后			
	改善前图片示意	问题描述	改善措施	预定完成日期	负责人	改善后图片示意	效果确认	确认人/时间	持续保存（是/否）

5S 车间现场管理综合检查表

推行小组/车间：××

序号	检 查 内 容	车间分值	仓库分值	得分
1	周之星、月之星、检查考评表、日巡查表更新是否及时	8	10	
2	上期检查反馈"车间缺陷整改单"问题有无按时整改，下次检查时如发现上期未整改地项目加倍扣分；车间现场与车间办公室物件摆放与"物料摆放标准卡"是否一致；摆放标准卡是否存在手写及涂改现象，车间办公室内禁止摆放雨具，办公室内一律禁烟	8	10	
3	总装每个楼层限放 12 个水桶，其他推行小组限放 8 桶；作业区是否有规范明确的区别标志及机台、工序标识和区域编号管理	8	10	
4	各类设备及地面有无明显脏污和跑、冒、滴、漏现象，机器、设备、叉车、托盘、推车电子秤等用完后是否摆放归位	10	10	
5	物料应放置于栈板上，工件物料有否掉在地上；栈板、工位车上物料是否有规范的物料标识卡（订单号、物料名称、数量、日期），物料（框）、在制品、纸片、栈板堆放是否零乱歪斜	10	10	

序号	检 查 内 容	车间分值	仓库分值	得分
6	不良品、良品、待检品是否按"三定"摆放；仓库、车间是否按标识区域规定摆放物料及非生产物品；不良品是否存放在红色筐内（或者规范标识），摆放标准卡是否涂改手写；地面黄线是否清晰可辨；钢件不得出现除红色外的其他塑料框	10	12	
7	维修工具（量具）需定点存放，使用完毕后要及时归位；无关工具、物品是否在工具台（柜）上；清洁工具、雨具架是否整洁，饮水机、雨具架有否制作保洁卡并落实专人保洁	8	8	
8	工作台、操作机器及四周窗台有无与该工人作业无关的物品；化学品是否有第二容器	10	/	
9	作业现场是否存在电线私拉乱接、电源箱盖板有否分离；通道是否畅通、物品是否压黄线；消防器材是否被堵塞	10	10	
10	塑料物料框、周转纸箱（限高6只）是否按规定堆放；物料框与栈板不得竖立，码高最高限12块；仓库楼上库存栈板码高限高15块	8	10	
11	车间生产区域无烟蒂；车间门口、室外责任区域、车间对应绿化带应整洁干净，不得晾晒私人物件；室外物料摆放有序；电梯轿厢是否干净整洁	10	10	
备注：				
实际得分：　　　　综合得分：　　　　系数： 名次：				

××有限公司关于开展"金点子"征集活动的通知

各车间、科室：

　　导入5S项目管理以来，各部门积极组织开展主题活动，全体员工立足岗位，胸怀大局，全方位、多渠道地为促进企业既好又快发展出力献策，第一阶段工作已取得显著成绩。为推进5S管理活动的深入开展，经推委会研究决定，从

×月×日至×月×日,面向全员集中开展"金点子"征集活动,现将有关事宜通知如下:

一、主要范围

(1)文化建设:以"推进 5S 管理,提质提效"为主线,强化全员素养教育,激发全员士气、斗志和工作热情的措施和办法。

(2)创新建设:关于推进观念创新、技术创新、管理创新和工作创新的建议。

(3)市场营销:关于进一步提高企业形象,优化营销环境,促进市场拓展的措施和建议。

(4)产品优化:关于推进产品结构调整,形成系列高附加值产品,提升产品竞争优势的措施和建议。

(5)制度建设:关于推进制度创新,全程、全位建立成本管理监督约束机制的建议。

(6)安全生产:关于导入 5S 管理,改善生产工作环境,防患安全事故的措施和建议。

(7)节能减排:关于解决节能降耗、环保减排等难点、热点问题的措施和建议。

(8)人力资源:关于优化劳动力组合,规避用工风险,提高工作效率的措施和建议。

二、原则要求

(1)具有针对性:紧密联系企业实际,所提建议针对性强,有利于改进和推动工作,促进发展。

(2)体现独到性:所提建议既热情、中肯,又尽可能有独到之处,避免人云亦云。

(3)有可操作性:从实际出发,所提建议是现阶段可以办到或者通过努力可以办到的,超越现阶段的客观条件和实际能力而暂时办不到的,不作为建议提出。

(4)形式多样性:"金点子"既可以填表式提出,也可以用提案、调查报告等方式提出,不拘一格。

三、组织领导

(1)5月16日前,面向全员宣传和布置开展这一活动的要求。

(2)5月30日前,各部门在学习讨论的基础上,发动员工积极填写"金点子"表格。

(3)6月10日前,各部门负责人收集"金点子"表格或调查报告等统一交办公室,也可由直接寄送办公室。

（4）班组长以上管理人员每人提交1件。

（5）办公室负责集中汇总所提建议后，提交5S推委会督导委员会议审阅评比。

（6）对被采纳的"金点子"，由5S推委会主任委员会议部署相关部门或人员负责落实实施，并做好效果测评工作。

（7）开展竞赛。对组织员工积极参加"金点子"建议活动，数量多、质量高的部门给予表彰；对被采纳的"金点子"，根据成效评比产生一等奖3名、二等奖6名、三等奖9名，鼓励奖若干名，对建议人给予物质奖励。

"金点子"征集活动，是丰富5S项目管理的一项有积极意义和现实意义的活动，是体现全体员工才智和事业心、责任心的具体行动。希望每个部门、每位员工积极参与这一活动，为××公司既好又快发展做出我们的贡献。

特此通知

附：××公司"金点子"建议申报表

5S推进委

20××年×月×日

××公司5S"金点子"建议申报表，见下表。

编号：

提议人姓名		所在部门		岗位/职务	
附议人					
合理化建议主题：					
具体合理化建议内容：					
5S推委会审查意见					

新进员工5S基础知识测试题

一、填空题(每题2分)

1.1955年,日本企业针对场地、物品,提出了整理、整顿的概念。后来随着工业的发展及管理水准提升的需要,才陆续提出并增加清扫、清洁、素养,从而形成目前广泛推行的5S架构。

2.5S中,＿素养＿是指人所应有的教养、礼貌和行为准则。

3.观念的改变,可导致行为的改变;行为的改变,习惯也随之改变,进而可以改变一个人的＿精神面貌＿。

4.团结同事,与大家友好沟通相处是5S中＿素养＿的要求。

二、选择题

1.谁承担5S活动成败的责任?(D)

 A.总经理　　　　　　　　　　B.委员会

 C.科长们　　　　　　　　　　D.公司全体

2.公司什么地方需要整理整顿?(C)

 A.工作现场　　　　　　　　　B.办公室

 C.全公司的每个地方　　　　　D.仓库

3.整理主要是排除什么浪费?(C)

 A.时间　　　　　　　　　　　B.工具

 C.空间　　　　　　　　　　　D.包装物

4.我们对5S应有的态度?(B)

 A.形式　　　　　　　　　　　B.积极参与行动

 C.事不关己　　　　　　　　　D.看别人如何行动再说

5.公司的5S应如何做?(A)

 A.5S是日常工作一部分,靠大家持之以恒做下去

 B.第一次有计划地大家做,以后靠干部做

 C.做四个月就可以了

 D.车间做就行了

6.5S中哪个最重要,理想的目标是什么?(A)

 A.人人有素养　　　　　　　　B.地、物干净

 C.工厂有制度　　　　　　　　D.生产效率高

7.清扫在工程中的位置是什么?(C)

 A.有空再清扫就行了　　　　　C.清扫是工程中的一部分

 B.地、物干净　　　　　　　　D.生产效率高

8. 5S 和产品质量的关系？（C）

　　A. 工作方便　　　　　　　　　　C. 改善品质

　　B. 增加产量　　　　　　　　　　D. 没有多大关系

9. 5S 与公司及员工有哪些关系？（A）

　　A. 提高公司形象　　　　　　　　C. 增加工作时间

　　B. 增加工作负担　　　　　　　　D. 增加生产成本

10. 您对目前的工作环境有何看法？（A）

　　A. 很多地方还很杂乱　　　　　　C. 缺乏爱心，物品丢在地上没人捡

　　B. 大概可以了　　　　　　　　　D. 目前条件已无法再改善

11. 对待 5S 检查和批评意见，属下应抱着"（C）"的心态来执行。

　　A. 纯粹找碴、百般狡辩　　　　　B. 应付了事、得过且过

　　C. 立即纠正　　　　　　　　　　D. 心存感激

12. 清扫应细心，具备不容许有"（C）"存在的观念。

　　A. 污秽　　　　　　　　　　　　B. 干净

　　C. 不良之处　　　　　　　　　　D. 解决脏污对策

13. 清洁的状态包含的三个要素是(C)。

　　A. 干净、高效和安全　　　　　　B. 整理、整顿和清扫

　　C. 检查、监督和改进

14. 公司 5S 应如何做？（A）

　　A. 随时随地都做，靠大家持续做下去

　　B. 第一次有计划地大家做，以后领导指挥着做

　　C. 做三个月就可以了

　　D. 车间做就行了

15. 安全包括(C)。

　　A. 紧急处理、查清原因和预防

　　B. 舒适、明亮和无毒害

　　C. 人身安全、产品安全和设备安全

　　D. 有效的安全措施、安全教育和遵守作业规程

16. 整顿中的"3 定"是指：(B)

　　A. 定点、定方法、定标示　　　　B. 定点、定容、定量

　　C. 定容、定方法、定量　　　　　D. 定点、定人、定方法

17. 整理是根据物品的什么来决定取舍？（B）

　　A. 购买价值　　　　　　　　　　B. 使用价值

　　C. 是否占空间　　　　　　　　　D. 是否能卖好价钱

18.5S 活动推行中,下面哪个最重要?(A)

    A. 人人有素养　　　　　　　　B. 地、物干净

    C. 工厂有制度　　　　　　　　D. 生产效率高

19.5S 与公司及员工有哪些关系?(AD)

    A. 提高公司形象　　　　　　　B. 增加工作时间

    C. 增加工作负担　　　　　　　D. 安全有保障

三、判断题

1. 工厂什么地方有什么东西,我们靠感觉就可以了。　　　　　　(×)

2. 机器故障、货不足,无法按期完成生产计划,也是没办法的。　(×)

3. 实行 5S 有利于整备制造车间,使制造流程井然有序,提高生产效率和产品质量。　　　　　　　　　　　　　　　　　　　　　　　　　　(√)

4. 保管员清楚物品在哪里,标示与否并没有关系。　　　　　　　(×)

5. 车间脏乱没关系,产品销路好就行。　　　　　　　　　　　　(×)

6. 上班不就是干活吗? 要这么干净干吗? 车间比我宿舍还干净,没有这个必要。这句话对吗?　　　　　　　　　　　　　　　　　　　　　　(×)

7. 不遵守规章制度的工作现场,我们经常会听到"下不为例","这样就行了吧","我太忙啦",这些话对吗?　　　　　　　　　　　　　　　　　(×)

8. "整理""整顿"对形成重复劳动造成浪费的根治容易理解和重视,但无形的浪费却易被忽视,如无谓的提高产量、质量,做无用功。这句话对吗?　(×)

9. "这些物品是什么,我自己知道就行,标示与否没关系。这样可以减少浪费"。这种观点对吗?　　　　　　　　　　　　　　　　　　　　　(×)

10.5S 管理需要全员参与,如果有部分成员就是跟不上进度,或内心抵制,5S 管理就会失败。这种观点对吗?　　　　　　　　　　　　　　　(√)

11. 人民生活习性,映射着国之强弱;认真规范的意识是我们每个人的立身之本,也是企业的立业之根。只有认真做事才能拿钱、必须把事情做好才有饭吃。　　　　　　　　　　　　　　　　　　　　　　　　　　　(√)

12.5S 管理要求必须做到"重视安全、服务意识、简单化、守时、注重仪表、顾客满意、悟性和齐心协力"　　　　　　　　　　　　　　　　(√)

13. 定置管理太耽误时间,赶不上过去随意取放方便、省时。　　　(×)

四、问答题

1.5S 指的是什么?

答:整理、整顿、清扫、清洁、素养。

2. 请说出 5S 中"清洁"是指什么?

答:将整理、整顿、清扫法制度化、标准化、习惯化,并维持成果。

3. 请问区分工作场所内的物品为"要的"和"不要的"是属于 5S 中的哪一项范围?

答:整理。

4. 物品乱摆放属于 5S 中哪一项处理的内容?

答:整顿。

5. 整顿主要是排除什么浪费?

答:寻找时间。

6. 5S 中哪一项重在使职场消除脏污?

答:清洁。

7. 整理是针对什么的浪费?

答:空间。

8. 请问 5S 中哪一项是针对人的品质的提升,也是 5S 活动的最终目的?

答:素养。

9. 请问 5S 活动是短期性的工作,还是持久性的工作?

答:持久性。

10. 行走中抽烟,烟蒂任意丢弃是 5S 中的哪一项范畴?

答:素养。

11. 整顿的三定原则是什么?

答:定位置、定数量、定区域。

12. 整理、整顿的基本含义是什么?

解答:在工作现场,区别要与不要的东西,只保留有用的东西,撤除不需要的东西,把要用的东西,按规定位置摆放整齐,并做好标识进行管理。

13. 清扫、清洁的基本含义是什么?

解答:清扫即点检,将不需要的东西清除掉,保持工作现场无垃圾,无污秽状态,将整理、整顿、清扫做法制度化、标准化,并维持成果。

14. 推行 5S 管理的好处有哪些?

解答:推行 5S 管理的好处包括:改善和提高企业形象;保障企业安全生产;降低生产成本;促成效率的提高;

15. 5S 管理活动中员工的责任是什么?

解答:5S 管理活动中员工的责任是积极参与、认真执行。

五、论述题

1. 结合所学的"5S"知识,阐述在您的岗位上如何开展并实践好"5S"活动?

解答要点：①找出不足之处，并提出整改措施。②5S 的重要意义。③写出本部门推行 5S 的设想。④对本公司 5S 推行提些建议和意见。

红牌作战

所谓红牌作战，指的是在工厂内找到问题点并悬挂红牌，让大家一眼就能看明白，从而积极去改善，达到整理、整顿的目的。

1. 红牌的作用

(1)使必需品和非必需品一目了然，提高每个员工的自觉性和改进意识。

(2)红牌上有改善期限，便于查看。

(3)引起责任部门的注意，及时清除非必需品。

红 牌 表 单

部门		日期		
品名		型号		数量
类别	☐设备　　☐计量器具　　☐材料　　☐部件 ☐半成品　☐成品　　　☐事务用品　☐其他			
原因	☐老化　　☐订单取消　　☐设计变更　　☐失去用途 ☐加工不良　☐生产预定的操作错误　　☐其他			
处理方法				
判定者		审核		核准

2. 实施红牌作战时的注意事项

(1)向全体员工说明被挂红牌是为了把工作做得更好，要以正确的态度对待，不可置之不理或认为是奇耻大辱。

(2)什么样是好的，什么样的差的，每个人都可以正确判断。

(3)挂红牌时理由要充分，事实要确凿。

(4)区分严重程度，已是实实在在的问题的，挂红牌；仅仅是提醒注意的，可挂黄牌。

(5)频率不宜太高，一般为一个月一次，最多为一星期一次。

3.红牌作战实施步骤

第一步：红牌作战出台。

- 成员：各部门领导。
- 时间：1～2月。
- 重点：教育现场人员不可将没用的东西藏起来,制造假象。

第二步：决定挂红牌的对象。

- 库房：原材料、零部件、半成品、成品。
- 设备：机械、设备、工装夹具、模具、防护用品。
- 储运：货架、流水线、车辆、卡板等。

注意：人不是挂红牌的对象! 否则容易打击员工士气或引起冲突!

第三步：明确判定标准。

- 什么是必需品,什么是非必需品,要把标准确定下来。

第四步：红牌的发型。

- 记录发现区、问题、内容、理由等。

第五步：挂红牌。

- 间接部门的人觉得应该的才挂红牌。
- 红牌要挂在引人注目处。
- 不要让现场的人自己贴。
- 理直气壮地挂红牌,不要顾及面子。
- 红牌就是命令,不容置疑。
- 挂红牌要集中,时间跨度不可太长,不要让大家厌烦。

第六步：红牌的对策与评价。

- 对红牌要跟进改善制度。
- 对实施效果进行评价。
- 可将改善前后的对比摄录下来,作为经验和成果向大家展示。

5S 小常识

1.5S 的起源?

答：5S起源于日本,指在生产现场中对人员、机器、材料、方法等生产要素进行有效管理,是日式企业独特的一种管理方法。

2.5S 的适用范围?

答：生产一线、仓库、办公室、公共场所等。

3. 推行 5S 的目的?

答:①改善和提高企业形象;②促成效率的提高;③改善零件在库周转率;④减少直至消除故障,保障品质;⑤保障企业安全生产;⑥降低生产成本;⑦改善员工精神面貌,使组织活力化;⑧缩短作业周期,确保交货期。

4. 推行 5S 能够达到的效果?

答:①投资者满意;②客户满意;③雇员满意;④社会满意。

5. 推行 5S 分为哪几个阶段?

答:准备期、建立期、维护期。

6. 推进方针及目标?

答:全员参与 5S 活动,持续不断改善,消除浪费,实现"零"库存。

7. 5S 推进"八大要诀"?

答:要诀 1,全员参与其乐无穷;要诀 2,培养 5S 大气候;要诀 3,领导挂帅;要诀 4,彻底理解 5S 精神;要诀 5,立竿见影的方法;要诀 6,领导巡视现场;要诀 7,上下一心,彻底推进;要诀 8,以 5S 为改善的桥梁。

8. 推行 5S 的常用工具?

答:①红牌作战;②摄影作战;③目视管理;④广告牌管理;⑤定置管理;⑥颜色管理;⑦检查表。

9. 整理推行的要领?

答:对你的工作场所进行全面检查;制订"要"与"不要"的判别基准;清除不需要物品;制订废弃物处理方法;调查需要物品的使用频度,决定日常用量;每日自我检查因为不整理而发生的浪费。

10. 推进整理的步骤?

答:第一步,现场检查;第二步,区分必需品和非必需品;第三步,清理非必需品;第四步,每天循环整理现场。

11. 整顿的推行要领?

答:彻底进行整理;确定物品放置场所、方法并标识;划线定位;确保每个人都能知道东西放在的位置。

12. 推行整顿的步骤?

答:第一步,分析现状;第二步,物品分类;第三步,定置管理;第四步,实施。

13. 清扫的推行要领?

答:建立清扫责任区。执行例行扫除,清理脏污;把设备的清扫与点检、保养、润滑结合起来;调查污染源,予以杜绝;建立清扫基准,作为规范。

14. 推进清扫的步骤?

答:第一步,从工作岗位开始扫除一切垃圾、灰尘;第二步,清扫点检机器设备;第三步,整修在清扫中发现有问题的地方;第四步,查明污垢的发生源,从根本上解决问题;第五步,实施区域责任制;第六步,制定相关清扫基准。

15.清洁的推行要领?

答:落实前面的3S工作;目视管理与制订5S实施办法;制订奖惩制度,加强执行;公司及部门领导带头巡察,带动全员重视5S活动。

16.推进清洁的步骤?

答:第一步,对推进组织进行教育;第二步,整理——区分工作区的必需品和非必需品,调查它们的使用周期,并记录下来;第三步,向作业者进行确认说明;第四步,撤走各岗位的非必需品;第五步,整顿——规定必需品的摆放场所;第六步,进行标识;第七步,将放置方法和识别方法对作业者进行说明;第八步,清扫并在地板上划出区域线,明确各责任区和责任人。

17.素养的推行要领?

答:制订共同遵守的有关规则、规定;如《员工手册》;教育培训(新员工加强);推行各种精神提升活动(如上工前例会、礼貌运动等)。

18.推进修养的步骤?

答:第一步,按标准规定要求作业;第二步,培养良好个人修养和职业道德。

19.什么是5S标准?

答:5S标准是对各类环境在现有资源下所能达到的完美状态作为参照设立。

20.5S标准设立后需要不断的维护更新吗?

答:需要,要对每一阶段的执行情况进行检讨、修正,不断提升5S标准。

21.怎样局部推行5S?

答:①选定样板区。对公司整个现场进行诊断,选定一个样板区;②实施改善,集中精锐力量,对样板区进行现场改善,对改善前后的状况摄影;③效果确认,经验交流。总结经验,克服缺点,让其他部门进行参观并推广。

22.推行全面5S可以采用那些方式?

答:红牌作战;目视管理及目视板作战;识别管理;开展大扫除,将工厂的每个角落都彻底清扫;改善及标准化。

23.员工在5S活动中的职责?

答:配合工作安排,主动对自己的工作环境进行整理、整顿和清扫,物品、工具及文件等放置整齐有序,保持工作区域内的清洁和畅通,养成随时随地拾起地面上的纸屑、布屑、材料屑、零件的良好习惯。

24.推行5S的最终目的是什么?

答:提高员工素质,降低成本、提高效率推动企业发展。

25. 什么是目视管理?

答:目视管理是利用形象直观、色彩适宜的各种能看得见的信息来组织现场生产活动,以提高劳动生产率的一种管理手段。

26. 目视管理的目的是什么?

答:目的是把工厂潜在的大多数异常视觉化,变成看一眼就明白的事实。

27. 目视管理作用?

答:作用是能够迅速快捷传递信息;形象直观将潜在问题和浪费显现出来;客观、公正、透明化,有利于统一认识,提高士气;促进企业文化建设。

28. 目视管理的类别有哪些?

答:目视管理的类别有红牌(又称红牌作战)、广告牌、信号灯、操作流程图、反面教材、提醒板、区域线、警示线、告示板、生产管理板。

29. 红牌作战的步骤?

答:第一步,红牌方案出台;第二步,决定挂红牌的对象;第三步,明确判定标准;第四步,红牌的发行;第五步,挂红牌;第六步,红牌的对策与评价。

30. 广告牌作战的作用?

答:广告牌管理的作用:①传递情报,统一认识;②帮助管理,防微杜渐;③绩效考核更公正、公开、透明化,促进公平竞争;④加强客户印象,提升企业形象。

31. 广告牌作战的"三定原则"是什么?

答:定位,放置场所明确;定物,种类名称明确;定量,数量多少明确。

32. 识别管理的类别?

答:识别管理的类别包括人员识别、工种识别、职务识别、熟练度识别、机器设备识别、产品识别、作业识别、环境识别。

33. 如何判别"要"与"不要"?

答:"三要"具体为每小时均用到的物品,放工作台上或随身携带;每天用到的现场存放(工作台附近);每周要用的现场存放。"不要"分为可用、未定、不可用三种,可用的但使用频率在一月至两年之间的由仓库或指定地点存储并定期检查;未定的分为需要与不需要的,需要的存放仓库定期检查,不需要用的变卖或废弃;不可用的则变卖或废弃。

34. 消防器材的定置标识要求?

答:定期检查,保持清洁,状态完好。1米区域内无杂物,通道严禁堵塞。

35. 垃圾处理、存放标识要求?

答:生产现场的垃圾桶体上标注"不可回收"和"可回收"字样。垃圾桶定点存放,定时清运,不得外溢和积压。

36. 仓库识别要求？

答：有 A、B、C 重点管理清单，物品定箱、定量、定位摆放整齐。

37. 作业识别(工序卡、指导书、印记、标识牌等)的内容？

答：识别内容包括作业状态(作业开始、作业中断、作业结束)，检验状态(待检、待判、不合格返工返修、报废、合格)，作业类别(冲压、焊接、表面处理、组装)等识别。

38. 机器设备识别、产品识别、环境识别的内容？

答：①机器设备识别内容：名称、型号、产地、管理编号、管理责任人、使用人员、警示、状态等；②产品识别(产品说明书等)内容：名称、类别、型号、数量、状态(良品、不良品、返修品、试制品等)；③环境识别的内容包括通道、区域、设施：通道：人流通道、物流通道、消防信道及特别信道等；区域：办公区、作业区、检查区、不良区、吸烟点等；设施：电路、水管、气管、油管、消防设施等。

39. 在制品定置要求？

答：用规定的器具存放，并定量、定位整齐，摆放不落地，达到过目知数。

40. 现场维护要求？

答：拆卸的零件要摆放整齐，完工后及时清理场地，达到工完料净，场地清，保持现场原貌。

41. 工作或生产现场内，凡定置图中未注明的设施和物品应怎么处理？

答：应予以清除。做到图物相符。

42. 门窗清洁的标准是什么？

答：每块玻璃窗有责任人，责任人标签可贴在统一部位如窗玻璃的左下方；玻璃、窗台及四周无蜘蛛网、灰尘、污点、黑斑等；玻璃上除粘贴责任人标签和提示标识外，没有粘贴其他物品；车间里面的窗户不能悬挂窗帘或其他障碍物。

43. 班组现场管理标准(规范)是什么？

答：班组现场管理应有明确的位置与标识；桌椅摆放整齐，在桌椅上无乱写乱画；工作区内干净、整洁，设施无破损；工具柜按定置要求摆放且标识；晨会有定置线；在工作区无大声喧哗及做与工作无关的事情等不良行为。

第四章
安全管理篇

安全协议样式

甲方：＿＿＿＿＿＿＿＿＿ （以下简称甲方）

乙方：＿＿＿＿＿＿＿＿＿ （以下简称乙方）

为贯彻"安全第一、预防为主"的方针，确实加强对工业气体供应商的安全管理，确保人身设备安全，鉴于此，经双方共同协商，特订立以下安全管理协议。

1. 乙方应认真贯彻执行国家有关安全生产的方针、政策，以及相关的安全生产法规、行业规程。

2. 乙方的气瓶进入厂区时应有相应的安全运输措施，乙方合格的商品气瓶送达甲方厂区后全程负责安全卸货，保存、使用由甲方负责。

3. 乙方必须建立安全生产管理体系，各项规章制度和安全措施，设置现场安全员，安全人员应经培训合格、持证上岗。

4. 乙方在甲方现场卸货时应配备随车安全员，并对卸货工实施监督。

5. 乙方提供的所有气瓶应全部经过安全性能检验、在检验周期内使用，无明显损伤，乙方提供的工业气瓶应符合相应国家标准的规定。

6. 乙方进入甲方指定区域卸货时必须安全规范操作，因乙方员工麻痹大意及违规操作所引起的安全事故由乙方全权负责，与甲方无涉。

7. 本协议一式两份，甲、乙双方各执一份，经双方盖章后生效。

使用单位(甲方):(盖章)　　　　供货单位(乙方):(盖章)

签订日期:　年　月　日　　　　签订日期:　年　月　日
附:乙方营业执照复印件;危险化学品生产许可证(或经营许可证)复印件。

安全协议(第三方安全协议)样式

甲方:＿＿＿＿＿＿＿电器有限公司(以下简称"甲方")

乙方:＿＿＿＿＿　　身份证号:＿＿＿＿＿＿＿(以下简称"乙方")

为保证员工人身安全以及生产的顺利进行,提高员工安全意识,强化"安全第一,预防为主"的主体思想,争创文明安全企业,结合公司实际情况,经双方协商签订本协议书。

第一条　甲方的义务和权利

1.甲方有权要求乙方必须严格遵守安全生产法律、法规、标准、安全生产规章制度和操作规程,熟练掌握事故防范措施和事故应急处理预案;并建立健全各项劳动安全制度以及相应的劳动安全保护措施。

2.甲方对乙方执行规章制度及履行安全职责情况,有权进行检查、监督、考核。凡不遵守安全规定,违反安全操作规程的作业人员,及时进行纠正、处罚,直至停止其工作。

3.甲方对进入工作现场的作业人员,进行安全教育和安全技术培训,使其懂得安全知识,熟悉安全操作规程,经安全生产技术考核合格后,方可进行施工作业。对经培训考核不合格、安全技能不具备所在岗位的或不适应所在岗位要求的乙方,甲方有权停止其工作或调换其工作岗位。

4.对进入作业现场的施工人员,根据其工种不同,提供相应的安全保障设施及劳动保护用品。

5.接受公司员工提出的合理化建议和意见,并及时答复和回应。

第二条　乙方的责任和权利

1.乙方必须遵守国家法律、法规及各项劳动纪律和安全管理制度,服从管理,自觉执行安全生产岗位责任制,严格按照安全生产规范操作。

2.必须接受甲方的安全教育和安全技术培训,熟悉安全生产施工操作规程,掌握本职工作所需的安全生产知识和生产技能,增强事故预防和应急处理的能力,未掌握所在岗位应具备的安全基本常识,不得上岗。

3.在现场作业过程中注意同事的安全保护用具是否佩戴齐全,做好相互监督相互保护工作,对同事的违章行为及时提醒和纠正。

4.特殊工种作业人员,凭有效的上岗证上岗工作。

5.施工时,需对本工种的施工区域、作业环境、操作设备等进行认真检查,发现安全隐患应立即停止作业,及时汇报。达不到安全生产要求时,不得擅自盲目施工。当发生事故时,及时采取有效措施,避免事故进一步扩大,并及时报告,保护事故现场及有关记录资料等。

6. 乙方有责任和义务及时向甲方提出安全改进建议和意见。

7. 乙方有权拒绝违章指挥,对上级部门和领导忽视工人安全、健康的错误决定和行为有权拒绝作业。

8. 严禁酒后上班作业,严禁非专业人员乱拉乱接电源,严禁私自动用非自己保管、使用的施工设备。工作时不得嬉戏打闹,遵守施工现场安全纪律。

9. 乙方必须保持健康的身体参加施工作业,不得带病参加工作。

10. 严禁穿拖鞋、大马裤、裙子进入车间,女性在作业现场严禁披头散发,必须佩戴安全帽或者头发挽扎起来。

11. 严禁在车间吸烟,易燃易爆、高温区域不得放置易燃易爆品、塑胶品、图纸等。

12. 不得私拉乱接电源,不得用生产用电为手机和电瓶车等电器充电。

13. 严禁将废弃的边角料随意丢弃挪动,尤其是带尖带棱的钢铁料。

14. 员工上下班途中,要遵守交通法规,乘用合法合规的交通工具,否则,出现意外,本人负全部法律责任。

15. 工作时间段内,严禁私自外出,否则,出现意外,由其本人承担全部法律责任和经济损失责任。

16. 严禁私自携带非本公司人员进入生产厂区,否则,出现意外,由其本人负责。

第三条　违约责任及处理

1. 安全生产中发生的事故,应经事故调查确认责任。事故调查应按照国家、和本单位有关规定进行。

2. 甲方违约造成的责任事故,甲方承担相应的责任,并按相关规定追究有关人员的责任。

3. 乙方违约造成的责任事故,乙方承担相应的责任(包括:行政处罚、赔偿经济损失、解除劳动关系等)。

4. 甲、乙方双方共同违约造成的安全生产责任事故,根据双方各自违约责任的大小,分别承担相应的责任。

第四条　本协议正本一式两份,具有等同的法律效力,甲乙双方各执一份;本协议未尽事宜双方协商解决,不能达成协商的提交当地劳动仲裁。

第五条　所签人员辞职后此责任书自动作废;本责任书自签订之日起生效。

甲方(签章):　　　　　　　　　　乙方(签字):

签订日期:　　年　月　日　　　　　签订日期:　　年　月　日

××公司安全目标管理责任书

为进一步加强社会治安综合治理和明确安全生产管理目标,确保公司治安稳定,安全生产工作扎实有效,创造良好的治安,安全生产环境,保障公司人身设备、财产 安全,创建文明企业,着力提高构建社会主义和谐社会,经公司总经办决定与各车间、部门签订本责任书。

一、责任目标

(1)社会治安、安全生产领导责任制,进一步落实,各部门车间将治安、安全生产列入年度工作计划,摆上重要议事日程,经常听取汇报,多检查,定期分析本单位安全形势,研究部署工作任务,部门主要领导要履行"第一责任人"的职责,亲自检查、亲自部署,明确每一个级别的管理责任和要求,采取积极有效的措施,严加防范,具体抓好治安、安全生产工作的落实。

(2)维护公司正常的治安、安全生产秩序,确保工作扎实有效,认真组织展开矛盾纠纷,排查调处工作和事故安全隐患、排查防范工作,每月至少组织一次集中排查,及时化解矛盾和安全隐患,做到主管重视、制度健全、责任到位、有效处理。一旦发生要果断稳妥处置,防止事态扩大,不造成重大影响。

(3)深入开展"安全生产月"、"安全生产日"和市级文明单位创建活动。

(4)抓宣传、强化宣传教育和培训工作,重点做好企业安全员,新工人上岗,特种作业人员,高危行业人员的培训工作,确保治安、安全生产工作有人管事、有章理事。

(5)加大本部门,本车间的外来暂住人口管理,认真做好登记工作。

(6)杜绝火灾、交通事故、重大安全事故的发生。

(7)社会综合治理和安全生产管理基本满意率达到95%以上。

二、组织领导

(1)各部门、车间要把社会综合治理和安全生产管理纳入重要议事日程,定期研究部署和检查督促,每年进行一次考核评比,严格兑现奖惩,并将检查情况汇总行政部存档。

(2)要认真落实社会治安综合治理和安全生产领导责任制和目标管理责任制,明确责任,一级抓一级,层层抓落实。

(3)加大对落实责任制的督促、检查、协调和考评工作力度。

(4)严格按照"谁主管谁负责"的原则,明确各部门、各车间抓安全的工作职责、任务、职责,协调、督促各部门、车间齐抓共管,把安全各项措施落到实处。

(5)认真研究解决安全工作中遇到的问题和困难,及时总结、交流推广。

三、奖励规定

(1)本责任书的责任目标列入各部门、车间第一责任人的任期目标。

(2)年终考核有关检查、考核办法执行、考核由公司总经办、行政部、设备科统一领导实施。

（3）根据年终考核得分评出公司安全管理先进单位若干名，给予表彰奖励，因主管不重视，措施不落实，发生过重大治安事件和安全生产事故的，影响特别重大的恶性刑事案件治安灾害事故的坚决实行"一票否决制"，受否决的部门车间不能评为先进。

（4）本责任书一式两份，公司、车间、部门各执一份。

（5）本责任书由公司行政部负责解释。

××实业有限公司

代表：

部门（车间）代表：

关于开展"一日安全员活动"的实施细则

一、目的

为了更好地开展"安康杯"活动，提高全员参与班组安全管理的安全生产意识，从而使班组内部形成"我要安全、从我做起、保证安全"的现场安全生产氛围，不断提高班组现场员工的危险因素识别和规避能力，实现"三不伤害"，即不伤害自己，不伤害别人，不被别人伤害；从而减少事故的发生，切实保护每一位员工的人身安全。有鉴于此，特制定本一日安全员活动的实施细则。

二、适用范围

本规定适用本公司所有员工。

三、定义

一日安全员就是在现场，以班组为单位，组内每一位员工轮流担当安全员。

四、工作职责

（1）车间部门主管首先对本车间部门的职工进行必要的安全教育培训；

（2）一日安全员对在工位中观察到的不安全的险兆和隐患及时予以提示或者第一时间向主管或班组长汇报；

（3）车间班组长对班组内的一日安全员进行动态帮带和即时指导，为一日安全员提供行动和组织保障。

五、工作程序

（1）主管或班组长先对一日安全员进行岗位安全方面的培训，讲清安全事项，确保自身安全，切实增强工作的实效性。

（2）一日安全员领取并佩戴安全标识(袖章)。

（3）安全员班前、班中、班后到本班组的工作范围检查一次；

（4）当日工作结束后，一日安全员如有"三违"现象发现，可在指定的记录本上予以记录，如有必要可在第二天的晨会上进行反馈；

（5）一日安全员在当日下班时把安全标识(即袖章)退给班组长。

六、一日安全员作业现场安全检查内容

（1）作业人员劳保护具的佩带情况；

（2）安全主通道消防栓前面通道是否有被物料框堵住情况；

（3）现场其他人机料环方面有无安全隐患存在。

七、其他事项

一日安全员活动与5S月之星评比挂钩，5S月之星优先从一日安全员参与人员当中产生。

_____有限公司

_____年___月___日

企业职工三级安全教育卡

姓名		身份证号		工种	
教育时间		安全员签名		被教育者签名	
公司级	培训内容	1.国家有关安全生产的方针、政策、法律、法规及安全生产的重要意义； 2.安全生产基本知识； 3.本公司安全生产规章制度:劳动纪律;作业场所和工作岗位存在危险因素、防范措施、事故应急措施处理程序； 4.企业安全生产情况、组织机构； 5.案例——生产经验和教训； 6.其他安全要求			
车间级	教育日期	教育者签名 (车间主任)		被教育者签名	
	教育时间				
	培训内容	1.车间生产过程中所使用的物料、工艺、机械、电器等特性及注意事项； 2.车间安全生产状况和规章制度； 3.车间作业场所和工作岗位存在的危险因素、防范措施及事故应急措施； 4.车间曾发生过的事故案例及经验教训； 5.各种消防器具和防护用品的正确使用等； 6.车间生产方式及工艺流程,车间安全机构及活动情况； 7.预防事故及车间安全生产文明生产内容			

续上表

班组级	教育日期		教育者签名 （班组长）		被教育者 签名	
	教育时间					
	培训内容	1.岗位安全操作规程； 2.生产设备、安全装置、劳动防护用品（用具）的性能、正确使用和维护保养方法； 3.物料特性、注意事项、曾发生过的事故案例及应急措施等； 4.介绍本班组生产概况、特点、范围、作业环境，设备状况，消防设施； 5.介绍机械设备性能，防护装置使用方法； 6.本工种安全操作规程和岗位责任及注意事项； 7.本班安全活动检查，交接班制度			
职业危害告知		你将进入本公司＿＿＿＿车间，从事＿＿＿＿岗位，该岗位存在＿＿＿＿＿＿＿＿＿＿职业危险，根据《安全生产法》《职业病防治法》等法律法规的规定，本公司履行职业危险告知义务				
受教育 人承诺		我自愿接受公司三级安全教育培训，并承诺在公司工作期间做到以下几个方面： 1.如果不安全，绝对不工作； 2.严格按照岗位安全操作规程作业，认真做好交接班工作； 3.工作期间自觉遵守公司安全环保管理制度； 4.服从安全管理人员及上级领导的指挥和建议，发现隐患及时上报； 5.做到"三不伤害"，对于不安全行为接受同事的指责，并表示感谢				

反"三违"活动记录表（公司级）

时间	年　月　日　时　分		"三违"地点	车间	班组	岗位
"三违" 类别	□违章指挥　　　□违章作业 □违反劳动纪律			车间负 责人		
检查方式	□自查　　　　□部门检查 □公司检查　　□其他			"三违" 责任人		
"三违"经过及危害分析：						

续上表

处理结果	
结案批准人 签字	经办人 签字　　　　　记录人 签字

注:1."三违"类别和检查方法属于哪种就在其上打✓(重点以检查操作规程,安全行为规范为主);2."三违"经过及危害分析,是指"三违"现象可能造成的身体伤害和经济损失;3.行政处分包括警告、记过、调岗等;4.此表公司级专项检查每月至少检查两次,车间级每周至少检查两次,班组级每天至少检查一次。

反"三违"活动记录表(车间级)(1)

时间	__年__月__日__时__分	"三违"地点	车间　　班组　　岗位
"三违" 类别	□违章指挥　　□违章作业 □违反劳动纪律	车间 负责人	
检查方式	□自查　　　□部门检查 □公司检查　　□其他	"三违" 责任人	
"三违"经过及危害分析:			
处理结果			
结案批准人 签字		经办人 签字	记录人 签字

注:1."三违"类别和检查方法属于哪种就在其上打✓(重点以检查操作规程,安全行为规范为主);2."三违"经过及危害分析,是指"三违"现象可能造成的身体伤害和经济损失;3.行政处分包括警告、记过、调岗等;4.此表公司级专项检查每月至少检查两次,车间级每周至少检查两次,班组级每天至少检查一次。

反"三违"活动记录表(车间级)(2)

时间	__年__月__日__时__分		"三违"地点	车间	班组	岗位
"三违"类别	□违章指挥　□违章作业　□违反劳动纪律			车间负责人		
检查方式	□自查　□部门检查　□公司检查　□其他			"三违"责任人		
"三违"经过及危害分析：						
处理结果						
结案批准人签字		经办人签字			记录人签字	

安全生产、职业危害告知书样式

_____先生/女士：

　　根据《中华人民共和国安全生产法》和《中华人民共和国职业病防治法》法规的有关规定,现将工作过程中可能产生的<u>安全生产隐患、职业病危害及其后果、职业病防护措施和待遇</u>等如实告知您并请您<u>签署</u>,在劳动合同期间,您的工作岗位发生变更并且变更岗位存在安全、职业危害因素时,将重新告知并请您签署。

　　您所在的岗位区域,存在机器设备、电力、火灾事故等安全生产隐患和职业病危害因素<u>尘肺、塑料裂解、噪声</u>等。如防护不当可能产生<u>工伤和职业病</u>对您的健康造成一定程度的损害。

　　在本岗位,公司已按照国家有关规定,对安全生产、职业病危害因素已采取防护措施。并按规定给您配备个体防护用品,希望您正确使用佩戴,否则会造成患职业病等的可能性。

一旦发生职业病,本单位将按照国家有关法律、法规,为您提供相应待遇。

您有义务履行以下规定:

(1)自觉遵守本公司制定的安全生产管理制度、本岗位职业健康操作规程和各项规章制度;

(2)正确使用职业病防护设备和个人职业病防护用品;

(3)按公司规定积极参加岗前、在岗期间安全生产、职业卫生、岗位操作流程知识培训;

(4)定期参加岗前、在岗、离岗时职业病健康体检(一旦您发生工伤或患上职业病,公司将按照《工伤保险条例》等相关规定执行);

(5)发现职业病危害事故隐患应当及时报告本公司;

(6)树立自我保护意识,积极配合本公司,避免工伤事故、职业病的发生。

若因您不恰当履行如上规定的义务,导致本人或者他人的损害,并进而导致公司承担任何支付补偿责任的,公司将有权按该费用的两倍追究您的个人或法律责任。

本人已知道以上法规和公司制度的相关规定,安全生产作业、职业病危害的相关因素,特此确认。

欢迎您随时提出行之有效的预防工伤、职业病的建议。

特此告知。

(本告知书仅公司留存)

消防安全责任人

我单位确定_____为消防安全责任人,履行以下消防安全职责:

(1)贯彻执行消防法规,保障单位消防安全符合规定,掌握本单位的消防安全情况;

(2)将消防工作与本单位的经营、管理等活动统筹安排,批准实施年度消防工作计划;

(3)为本单位的消防安全提供必要的经费和组织保障;

(4)确定逐级消防安全责任,批准实施消防安全制度和保障消防安全的操作规程;

(5)组织防火检查,督促落实火灾隐患整改,及时处理涉及消防安全的重大问题;

(6)根据消防法规的规定建立专职消防队、义务消防队;

(7)组织制定符合本单位实际的灭火和应急疏散预案,并实施演练。

单位:(盖章)

__年__月__日

消防安全管理人

我单位确定_____同志为消防安全管理人,履行以下消防安全职责:

(1)拟订年度消防工作计划,组织实施日常消防安全管理工作;

(2)组织制订消防安全制度和保障消防安全的操作规程,并检查督促其落实;

(3)拟订消防安全工作的资金投入和组织保障方案;

(4)组织实施防火检查和火灾隐患整改工作;

(5)组织实施对本单位消防设施、灭火器材和消防安全标志的维护保养,确保其完好有效,确保疏散通道和安全出口畅通;

(6)组织管理专职消防队和义务消防队;

(7)在员工中组织开展消防知识、技能的宣传教育和培训,组织灭火和应急疏散预案的实施和演练。

单位:(盖章)

__年__月__日

消防安全工作责任书

为了有效地预防火灾,提高各级员工消防安全责任意识,贯彻《中华人民共和国消防法》"预防为主,防消结合"的方针,全面落实"政府统一管理,部门依法监管,单位全面负责,公民积极参与"的消防原则,实行消防安全责任制,建立健全单位内部的消防工作网络,特制定本责任书。

(1)消防安全管理人必须督导员工遵守单位的各项消防安全管理规定,严禁私自动火、乱拉电线、违章使用电器。属工作需要的动火作业需到工程部办理动火审批手续,在实施电、气焊作业时,必须做到持证上岗。

(2)消防安全管理人必须督导下属员工爱护本部辖区内配置的消防器材、设备,如发现有遗失、损坏等情况,应及时向消防安全经理汇报。

(3)消防安全管理人必须组织下属员工定期对本部辖区内进行消防安全检查,严格落实收市联合例检制度,并有责任、有义务接收、配合有关主管部门进行消防检查。

(4)消防安全管理人必须组织下属员工定期参加消防培训及训练。

(5)及时、主动的发现、汇报单位内出现的各类消防安全隐患。

(6)督导员工遵守各类防火制度。

(7)重点防火部位的值班人员必须坚守岗位,并按行业的要求标准作业,避免出现安全事故。

(8)熟悉单位的消防通道走向和消防器材的摆放位置。

(9)熟练掌握消防工作中的"一畅四知四会",即:必须畅通消防疏散安全通道和安全出口;知道火灾的危险性、知道必要的消防安全知识、知道火场逃生的基本方法、知道火灾预防措施;会报警、会扑救初期火灾、会使用灭火器材、会组织疏散逃生。

(10)熟悉单位的火灾应急疏散预案,并融入实际的工作中去。

(11)单位的消防负责实行分层责任制,单位消防安全管理人向单位消防安全责任人负责,此书文字内容均为合同范围之内,必须遵守。

(12)如有违反消防安全法律、法规或本条款之规定的内容,将受到单位的严肃处理并承担相应的法律责任。

如有未尽的事宜、条款。可日后再行补充。

本责任书一式两份,单位消防安全管理人、单位消防安全责任人各执一份,自签署之日起生效。

消防安全责任人(签字):　　　　　年　　　月　　　日

消防安全管理人(签字):　　　　　年　　　月　　　日

员工消防安全工作承诺书

(1)认真学习和执行《机关、团体、企业、事业单位消防安全管理规定》（公安部61号令）、《中华人民共和国消防法》和本单位有关消防工作有关规定，提高自己消防安全意识，严格照章规范操作和行事。

(2)工作期间做到不吸烟、不喝酒，没有酒气，文明上岗、优质服务。

(3)熟悉现场安全通道，自觉维护安全通道畅通。

(4)掌握灭火器材的分布情况，熟练使用灭火器材，知晓火警电话"119"，把握现场应急事项（使用灭火器材、引导群众疏散等）有序进行。

(5)上班前对工作区域进行检查，保证设备和设施正常运行。

(6)下班前对工作区域进行检查，保证关闭切断各设备电源，及应急灯是否正常。

(7)不得私自乱拉乱接电线，不得擅自动用明火。

(8)遇有火情或隐患，即在第一时间向消防管理人员反映，并合理使用防火灭火逃生器具、拨打火警电话"119"。

承诺人：

年　月　日

(注：每位员工各签1份)

防火检查规定

(一)防火检查人员由消防安全管理人员和工作人员组成

(二)防火检查应填写检查记录，检查人员负责在检查记录上签名

(三)防火检查内容

(1)火灾隐患的整改情况以及防范措施的落实情况；

(2)安全疏散通道、疏散指示标志、应急照明和安全出口情况；

(3)消防车通道、消防水源情况；

(4)灭火器材配置及有效情况；

(5)用水、用电有无违章情况；

（6）重点工作人员以及其他员工消防指示的掌握情况；

（7）消防安全重点部位的管理情况；

（8）易燃易爆危险品和场所防火防爆措施的落实情况以及其他重要物资的防火安全情况；

（9）消防（控制室）值班情况和设施运行、记录情况。

（四）发现火灾隐患，及时填写火灾隐患当场整改通知书和火灾隐患限期整改通知书，并督促整改

防火巡查规定

（一）防火巡查人员由专职管理人员和保安员担任

（二）防火巡查应每 2 小时进行一次

（三）各部门的防火巡查由在岗位的防火责任人、员工对辖区岗位上的消防安全状况、安全操作执行情况进行检查

（四）营业结束时应当对营业现场进行检查，消除遗留火种

（五）防火巡查人员应当及时纠正违章行为，妥善处置火灾隐患。无法处置时，应当立即报告

（六）发现初起火灾应当立即报警，并及时扑救

（七）防火巡查内容

①用火、用电有无违章情况；②安全出口、疏散通道是否畅通，安全疏散指示标志、应急照明是否完好；③消防设施、器材和消防安全标志是否在位、完整；④常闭式防火门是否处于关闭状态、防火卷帘下是否堆放物品影响使用；⑤消防安全重点部位的人员在岗在位情况；⑥其他消防安全情况。

（八）防火巡查人员应填写巡查记录，巡查人员及其主管人员应当在巡查记录上签名

（九）发现火灾隐患应及时填写火灾隐患整改通知，并督促整改

消防安全教育、培训规定

（一）全体员工经常性开展教育培训

（二）新上岗和进入新岗位的员工须进行上岗前的消防安全培训

（三）下列人员应接受消防安全专门培训

（1）单位的消防安全责任人、消防安全管理人。

（2）专、兼职消防管理人员。

(3)消防控制室的值班、操作人员。

(4)其他依照规定应当接受消防安全专门培训的人员。

(四)培训内容

(1)有关消防法规、消防安全制度和保障消防安全的操作规程。

(2)各部门、各岗位的火灾危险性和防火措施。

(3)有关消防设施的性能、灭火器材的使用方法。

(4)报火警、扑救初起火灾以及自救逃生的知识和技能。

(5)组织、引导在场宾客疏散的知识和技能。

(五)消防监控室值班操作员应进行专业培训,考试合格持证上岗

(六)培训方式

(1)由单位兼职消防辅导员组织召集对全体员工的培训。

(2)邀请消防部门专业人员授课。

(3)结合本年度消防演练,组织培训。

(4)通过制作墙报、宣传栏、贴图画等方式进行消防安全教育。

(七)根据不同部门的实施情况和工作需要,对其员工进行有针对性的培训

消防设备器材维护管理规定

(一)场所消防设施、器材,由消防安全责任人统一建档管理

(二)场所定期组织人员对消防设施、器材进行检测、维护保养,确保完整好用

(三)消防设施、器材的周围,不得堆放物品,要便于提取使用

(四)未经许可,任何部门和个人不得擅自挪动或动用消防设施、器材

(五)消防设施、器材使用后,要立即进行维护保养、更新

(六)非正当使用损坏消防设施、器材的,要追究当事人责任,属维护不当导致损坏的,连带追究负责人的责任

电气设备消防安全管理规定

(一)所有电气设备的安装及线路敷设应符合电气安装规程的规定

(二)在增设大容量的电气设备时,应重新设计线路,方可进行安装和使用,严禁私自在电气线路上增加容量,以防过载引起火灾

(三)建筑内不允许采用铝芯导线,应采用铜芯导线,在夹层或闷顶内敷设线路时,应穿管敷设,并将接线盒封闭

(四)电气设备、移动电器、避雷装置和其他设备的接地装置,应每年至少进行两次结缘及接地电阻的测试

(五)在配电室和装有电气设备的机房内应配置适当的灭火器材

用火、用电安全管理规定

(一)重点防火部位要严格火源管理,实施动火作业审批手续和"四不动火"制度,即:预防措施不落实不动火,没有经过批准不动火,现场没有消防监护人员不动火,大风天不户外动火

(二)单位敷设电器线路、安装和维修电气设备,必须由正式电工承担,严禁擅自搭接临时电源线路

(三)不准使用碘钨灯、日光灯、电熨斗、电炉子、电烙铁、电视机等电器设备

(四)严格用电管理、严格执行用电安全操作规程,不得超负荷用电

(五)对电器线路和设备由电工负责监管,定期检查

(六)临时需要装设电气线路和设备的,应经工程部批准后,按临时架设规定安装并限期拆除

火灾隐患整改规定

(一)单位对存在的火灾隐患,应当及时予以消除

(二)对下列违反消防安全规定的行为,防火检查人员应当当场整改并督促落实

(1)违章进入生产、储存易燃易爆危险物品场所的。

(2)违章使用明火作业或者在具有火灾、爆炸危险的场所吸烟、使用明火等违反禁令的。

(3)将安全出口上锁、遮挡,或者占用、堆放物品影响疏散通道畅通的。

(4)消火栓、灭火器材被遮挡影响使用或者被挪作他用的。

(5)常闭式防火门处于开启状态,防火卷帘下堆放物品,影响使用的。

(6)消防设施管理、值班人员和防火巡查人员脱岗的。

(7)违章关闭消防设施、切断消防电源的。

(8)其他可以当场改正的行为。

(三)不能当场改正的火灾隐患,由检查人员及时将存在的火灾隐患向本单位消防安全责任人或管理人报告,填写火灾隐患报告书,提出整改方案

(四)消防安全责任人或管理人应当确定整改措施、期限以及负责整改部门

人员并落实整改资金

（五）在火灾隐患未消除之前，应当落实防范措施，保障安全

（六）不能确保消防安全、随时可能引发火灾，或者一旦发生火灾将严重危及人身安全的，应当将危险部位停产停业

（七）火灾隐患整改完毕，负责整改部门或者人员，应当将整改情况记录报送消防安全责任人或者管理人签字确认后存档

（八）对公安消防部门责令限期改正的火灾隐患，应当在规定期限内改正并写出火灾整改复函，报送公安消防机构

火灾隐患报告书

_____：

_____ 年 _____ 月 _____ 日，_____ 检　查

_____（部位）时发现存在以下问题：

需要_____（部门）协调解决火灾隐患，确保安全。

报告人（签字）：_____

主管人（签字）：_____

年　月　日

消防器材登记表

部位	名称	规格型号	数量	有效期	管理责任人

消防知识培训签到表

培训时间		授 课 人	
培训教材		培训场地	
培训情况		培训方式	

培训内容	

参 与 培 训 人 员 签 到			

××实业有限公司化学品防泄漏演习预案

一、目的

通过预案演习,验证应急响应程序及作业指导书的有效性,并对相应责任担当人员实施教育培训,确保担当者掌握规定的响应方法。

二、演习预案内容

(1)化学品从容器中泄漏;

(2)化学品进行作业时泄漏。

三、演习实施

(1)(2)项组织各生产部门实施,由行政部派人现场确认人员到场后,由主持人按预案进行演习。

四、演习日程

____年____月____日按照以下顺序进行预案演习

预案演习顺序	时间	主持	现场确认	预案演习地点
化学品从容器中泄漏	14:50~14:55	××	××	危险化学品仓库
化学品进行作业时泄漏	15:00~15:05	××	××	危险化学品仓库

五、演习准备

(1)演习参加人员:仓储危险化学品保管人员及一车间危险化学品使用人员;

(2)演习监督人员:行政部负责人,仓储部负责人;

(3)准备物品:应急准备用的物资为:吸油碎布、容器、河沙等。

六、试验记录

由行政部将预案演练结果记入"化学品泄漏演习总结"。

七、评审

由行政部现场确认人员负责评审,并将结果告知相应部门,如文件需要修改,则负责安排修改。

制定:_____　　　　　核准:_____

××实业有限公司化学品泄漏演习报告书

一、演习目的

验证公司应急预案的可行性及紧急情况发生时的处理能力

二、演习地点

化学品仓库

三、演习时间

××年××月××日

四、参加人员

行政部,仓库,生产部

五、演习安排

(1)员工学习化学品相关特性,泄漏处理方法,应急处理相关流程;

(2)化学品泄漏演习。

六、演习经过描述

由调油师傅主持,给大家演示进行天那水分装作业,当发生少量天那水洒在地上时,由事先准备好的碎布,立即擦去;当发生大量天那水泄漏(以水代替天那水)时,立即用碎布进行吸附,防止扩散,能回收的,用事先准备好的桶进行回收,并将地面擦干净,同时,将天那水转移到安全的地方。

七、演习内容

(1)员工学习化学品相关特性 MSDS 及泄漏处理方法。

(2)化学品泄漏演习。

（3）化学品被抹布吸到桶中。

（4）化学品废弃抹布放置于规定的危险废弃物放置桶中。

八、演习效果

通过应急措施有效性演习,不仅使化学危险品室内储藏处担当者和化学危险品使用处担当者,掌握了当出现上述异常、紧急情况时如何应对的方式方法,还充分证明了有了应急准备与响应程序中的异常、紧急情况下应对方法的可行性和有效性。

报告人:_____　　　日期:____年____月____日　　　审核:_____

触电应急预案

一、目的

为及时、有效的抢救伤员,防止事故的扩大、减少经济损失,制定本预案。

二、组织网络及职责

（1）由_____、_____、_____、_____等成立应急小组。安全负责人_____同志任应急小组组长。

组员:_____、_____、_____、_____、_____、_____。

具体分工如下:

（2）_____负责现场,掌握了解事故情况,组织现场抢救。

（3）_____负责联络,根据应急指挥小组命令,及时布置现场抢救,保持与当地电力局及安全生产监督部门等单位的沟通。

（4）_____负责维持现场秩序，做好当事人、周围人员的问讯记录。

（5）_____负责妥善处理好善后工作，负责保持与当地相关部门的沟通联系。

三、应急措施

（1）现场人员应首先迅速拉闸断电，尽可能的立即切断总电源（关闭电路），亦可用现场得到的干燥木棒或绳子等非导电体移开电线或电器。

（2）将伤员立即脱离危险地方，组织人员进行抢救。

（3）若发现触电者呼吸或呼吸心跳均停止，则将伤员仰卧在平地上或平板上立即进行人工呼吸或同时进行体外心脏按压。

（4）立即拨打120救护中心与医院取得联系（医院在附近的直接送往医院），应详细说明事故地点、严重程度，并派人到路口接应。

（5）通知有关现场负责人。

四、应急物资

常备药品：消毒用品、急救物品（绷带、无菌敷料）及各种常用小夹板、担架、止血袋、氧气袋。

五、通讯联络

医院救护中心：120   报警：110   火警：119

公司应急领导指挥小组办公室总值班电话：_____

六、注意事项

（1）在未脱离电源时，切不可用手去拉触电者。

（2）事故发生时应组织人员进行全力抢救，视情况拨打120急救电话和马上通知有关负责人。

（3）注意保护好事故现场，便于调查分析事故原因。

（4）要求心肺复苏要坚持不断地进行（包括送医院的途中），不随便放弃。

机械伤害应急预案

一、目的

为了预防潜在的机械伤害事故，做好机械伤害突发事故的应急处理，并在发生紧急情况时，能及时、迅速、高效、有序地处理好事故，最大限度地预防和减少可能造成的伤害、损失和影响，保障广大职工的身体健康和生命安全，根据公司关于《安全生产事故应急救援预案措施管理制度》的通知，特制定机械伤害应急预案。

二、组织机构及职责

本公司成立应急响应小组，负责指挥及协调工作。

组长：_____

组员：_____、_____、_____

具体分工如下：

(1)_____：负责现场、其任务是了解掌握事故情况，组织现场抢救指挥。

(2)_____：负责联络，任务是根据应急小组命令，及时布置应急小组成员组织抢救伤员，保持与当地相关部门等单位的沟通，并及时通知公司应急领导小组和当事人的亲人。

(3)_____：负责维持现场秩序、保护事故现场、做好当事人周围人员的闻讯记录，并保持与当地劳动部门的沟通。

(4)_____：负责妥善处理好善后工作，负责保持和当地相关部门的沟通联系。

三、机械伤害事故应急措施

(1)机械伤害事故发生后，事故发现第一人应立即大声呼救，报告责任人。

(2)安全部管理人员获得求救信息并确认机械伤害事故发生以后，应作出以下部署：

①立即组织安委会职工自我救护队伍进行施救；并立即向当地急救中心(120)电话报告；

②立即向所属公司应急抢险领导小组汇报事故发生情况并寻求支持；

③严密保护事故现场。

(3)安委会应急小组接到电话报告后，应立即指令全体小组成员在第一时间赶赴现场，了解和掌握事故情况，开展抢救和围护现场秩序，保护事故现场。

(4)当事人被送入医院接受抢救以后，指挥部指令善后人员到达事故现场。

①做好与当事人家属的接洽善后处理工作。

②按职能归口做好与当地有关部门的沟通、汇报工作。

四、应急物资

常备应急药品物资：简易担架、急救医药箱。

五、通讯联系

医院急救中心：120　　　　　　报警：110　　　　　　火警：119

公司应急领导指挥小组办公室总值班电话：_____

六、机械伤害自救

(1)由在场相关人员迅速切断机械电源。

(2)将人员救出后，立即检查可能的伤害部位，进行止血，止血方法同上。

(3)如有切断伤害，应寻找切断的部分，将其妥善保留。

(4)在急救中心医生到来之前，应尽最大努力，进行自救，以使伤害降低到最低点。在急救医生到来之后,应将伤员受伤原因和已经采取的救护措施详细告诉医生。

(5)注意保护好事故现场、便于调查分析事故原因。

(6)应急救援小组应进行可行的应急抢救,如现场包扎、止血等措施。防止受伤人员流血过多造成死亡事故发生。

特种设备应急预案

一、目的

为了正确、迅速和有效地处置部门特种设备可能发生的安全事故,有条不紊地开展应急救援工作,最大限度地减少企业人员伤亡和财产损失,真正贯彻落实"安全第一,预防为主"的安全生产方针,制订本预案。

二、特种设备范围

特种设备是指涉及生命安全、危险性较大的锅炉、压力容器(含气瓶)、压力管道、电梯、起重机械和场(厂)内机动车辆等。

三、应急组织机构与职责

建立公司特种设备应急领导小组,_____任组长,在_____的组织领导下,落实特种设备事故应急的责任:统一指挥、组织、协调全公司特种设备事故应急工作。

组　长:_____

副组长:_____

组　员:_____、_____、_____

四、预警机制

(1)对在用特种设备要进行经常性日常维护保养,并定期自行检查。部门对在用特种设备至少每月进行一次自行检查,并做出记录。

(2)应当对在用特种设备的安全附件、安全保护装置、测量调控装置及有关附属仪器仪表进行定期校验、检修,并做出记录。

(3)特种设备出现故障或者发生异常情况,应当对其进行全面检查,消除事故隐患后,方可重新投入使用。

(4)应当将电梯的安全注意事项和警示标志置于易于为乘客注意的显著位置。

(5)特种设备作业人员应当按照国家有关规定,经特种设备安全监督管理部门考核合格,取得国家统一格式的特种作业人员证书,方可从事相应的作业或者管理工作

(6)特种设备使用单位应当对特种设备作业人员进行特种设备安全教育和

培训,保证特种设备作业人员具备必要的特种设备安全作业知识。特种设备作业人员在作业中应当严格执行特种设备的操作规程和有关的安全规章制度。

(7)特种设备作业人员在作业过程中发现事故隐患或者其他不安全因素,应当立即向管理人员和部门有关负责人报告。

(8)特种设备的管理人员应当对特种设备使用状况进行经常性检查,发现问题的应当立即处理;情况紧急时,可以决定停止使用特种设备并及时报告部门有关负责人。

(9)要定期或不定期对部门的特种设备和安全、消防设施进行全面检查,确保设备安全、可靠、稳定运行和设施功能齐全有效。及时了解职工的思想状况和发现存在的安全隐患,组织力量或协调相关部门采取各种措施,把不稳定因素和安全隐患消灭在萌芽状态。

五、特种设备预防措施

特种设备使用单位对特种设备安全全面负责,严格遵守以下规定:

(1)建立完善特种设备安全管理制度和岗位安全责任制度,并认真实施;

(2)设立专门机构或配备专人负责特种设备安全工作;

(3)适时分析特种设备安全状况,制定、完善事故应急预案;

(4)及时办理特种设备使用登记,保证设备登记率达到 100%;

(5)按期申报特种设备定期检验,保证定期检验率达到 100%;

(6)特种设备作业人员持证上岗率达到 100%;

(7)特种设备隐患整治率达到 100%。

六、应急响应

(1)引导职工全员参与到企业的安全管理工作中,职工发现安全隐患和事故时,个人能够采取措施的,应立即采取相应措施,并立即逐级上报。

(2)应急领导小组接到安全隐患和事故信息后,其成员必须立即到达现场,组织和指挥应急行动。

(3)在不能处理安全隐患和事故的条件下,必须立即把安全隐患和事故信息上报给上级领导,进入企业应急响应程序。

(4)应急领导小组必须主动配合有关部门对事故进行调查、检测与后果评估工作。部门在特大事故抢险救灾过程中,应急领导小组要及时介入,认真做好死、伤者家属的安抚、赔偿及其他善后工作,确保社会稳定。

(5)应急处理工作结束后,应急领导小组要组织相关人员进行分析总结,认真吸取教训,及时进行整改。

(6)应急领导小组对在处置安全事故中有突出贡献的人员,按照有关规定给予表彰和奖励。对引发安全事故负有重要责任的人员,在处置过程中玩忽职守、贻误时机的人员,按照有关规定给予处分;构成犯罪的,由司法机关依法追究刑事责任。

七、应急保障

(1)应急领导小组按照规定配备应急消防、安全防范等设备、器材,要加强管理和维护,确保器材配置合理有效。

(2)应急领导小组要加强部门内部应急队伍的建设,组织培训和演练,提高部门内部应急队伍的素质。

八、后期处理工作

(1)要配合单位积极做好事故的善后处置工作,要努力协调资金、物资,做好事故后的人员安置以及灾后重建工作。

(2)对事故中的伤亡人员,部门要配合单位主动与当地政府、劳动部门等有关单位协商,严格按国家有关规定做出补偿。

(3)发生安全问题后,要积极配合企业和有关部门,对事故进行调查,根据企业的要求限期将情况报应急指挥中心。

一次性赔偿解决协议

甲方:＿＿＿＿＿＿＿＿＿＿＿＿

乙方:＿＿＿＿＿,性别＿＿＿＿＿,＿＿＿＿岁,＿＿＿＿族,身份证号码＿＿＿＿＿＿＿＿＿,住址＿＿＿＿＿＿＿＿＿＿＿＿＿＿＿＿＿＿＿＿＿。

乙方于＿＿＿＿年＿＿＿＿月＿＿＿＿日到甲方从事＿＿＿＿＿＿＿＿工作,＿＿＿＿年＿＿＿＿月＿＿＿＿日在上班过程中＿＿＿＿＿＿＿＿受伤,甲方及时将乙方送往＿＿＿＿＿＿＿＿医院治疗,医院诊断为:＿＿＿＿＿＿＿＿＿,经住院治疗后于＿＿＿＿年＿＿＿＿月＿＿＿＿日出院。现乙方自愿提出申请,要求甲方对其本次受伤给予一次性解决处理。甲、乙双方在平等、自愿基础上共同协商,就乙方本次受伤达成如下一次性赔偿协议,望双方共同遵守。

(一)甲乙双方解除劳动关系

(二)乙方受伤产生的医疗费＿＿＿＿＿＿＿元,由甲方承担,甲方已全部支付

(三)乙方住院期间生活、护理费＿＿＿＿＿＿＿元,甲方已支付给乙方

(四)甲方一次性赔偿乙方本次受伤的伤残补助金、伤残就业补助金、伤残医疗补助金、医疗期工资及后期治疗费等各种费用共计人民币＿＿＿＿＿＿＿元(大写:＿＿＿＿＿＿＿＿＿整),作为对乙方的一次性赔偿

(五)本协议签订后,乙方自愿放弃工伤认定和劳动能力鉴定,本次赔偿作

为甲方对乙方的一次性赔偿解决，今后乙方身体上的一切状况、后果、治疗等所有事宜均由乙方及其家庭承担，与甲方无关，乙方不得以任何理由或形式再找甲方索要赔偿或找甲方麻烦，否则由此造成的一切损失和责任由乙方全部承担

（六）本协议双方签字生效，望认真遵守，如甲方反悔或违约，需支付违约金人民币_____元（大写：_____整）给乙方；如乙方反悔或违约，除退还甲方所支付的全部费用外，还需支付违约金人民币_____元（大写：_____整）给甲方，并赔偿因违约给对方造成的损失

（七）工伤待遇及补偿金_____元（大写：_____整）在协议签字生效后，于_____年_____月_____日之前付清

（八）本协议一式两份，甲乙双方各执一份

甲方：_____

乙方：_____

年　　月　　日

常规危险源辨识

作业活动	危险源	可能导致的事故
仪器设备维修保养	设备运转中进行维修保养	机械伤害
高空作业（≥2米）	高空坠落	伤亡
机加工机械操作	无协助、无监护	机械伤害设备损坏
转动机械维修	违章作业/误送电/误启动	机械伤害
切割机	漏电/飞屑蹦射	触电、飞屑伤人
起重作业	起吊物品捆绑不牢固、斜吊重物	设备损伤/人员伤亡
固定式砂轮机	未夹紧，操作失误	机械伤害
钻床	夹具不紧，戴手套把持工件	机械伤害
利器管理	未按规定操作	割伤刺伤
电器	电器装置带线部分裸露	触电
搬运	操作不当	压伤
深井盖	破损	脚扭伤/骨折
化学品搬运	有毒	中毒

> **小提示**
>
> ### 危险源的336辨别方法
>
> 三种时态：过去，作业活动或设备等过去的安全控制状态及发生的人体伤害事故；现在，作业活动或设备等现在的安全控制状况；将来，作业活动发生变化系统或设备等在发生改进，报废后将会产生的危险因素。
>
> 三种状态：正常，作业活动或设备等按其工作任务连续长时间进行工作的状态；异常，作业活动或设备等周期性或临时性进行工作的状态，如设备的开启、停止检修等状态；紧急，发生火灾、水灾、交通事故等状态。
>
> 六种辨识方法：化学品，各种有毒有害化学品的挥发、泄露所造成的人员伤害、火灾等；物理，造成人体辐射损伤、冻伤、烧伤、中毒等；机械，造成人体砸伤、压伤、倒塌压埋伤、割伤、刺伤、擦伤、扭伤、冲击伤、切断伤等；不适宜的作业方式、作息时间、作业环境等引起的人体过度疲劳危害；生物，有毒、有害细菌、真菌等造成的发病感染。

年度安全生产工作计划

序号	项目	工作内容	目标	责任部门	完成期限	备注
1	轻工制造企业安全标准化	按_____安全生产标准化考核要求执行	市级安全生产标准化达标	安全办	2×21年2月28日前	
2	安全生产责任状签订	落实安全生产者责任制，层层签订安全生产责任书，完成公司与部门级、部门与车间级、车间与员工级安全责任书签订	签订率100%	安全办、各部门、各车间	2×21年1月15日前	
3	安全事故控制	(1)各级管理人员加强日常生产现场安全巡视检查力度，确保现场巡查时间≥4小时； (2)做好各级例行安全检查，加大事故隐患排查治理，各项事故隐患整改率达100%； (3)做好新入厂员工"三级安全教育培训"工作，培训率达100%； (4)经常性开展全员安全意识教育培训，积极开展各项安全活动，提高员工安全操作技能； (5)重点对特种作业、危险作业监控，认真做好作业现场勘查； (6)各类事故严格按照"四不放过"处理	重伤及以上事故为0；重大火灾、环境污染设备损坏事故为零；轻伤及以下事故发生率≤1%；实现百日安全无事故	安全办、行政部	全年	

序号	项目	工作内容	目标	责任部门	完成期限	备注
4	安全检查	（1）公司级安全检查每月不少于1次； （2）车间级安全检查每周不少于1次； （3）班组每日安全检查； （4）定期开展节前节后、防火、特种设备等专项安全检查	执行率100%	安全办各车间	全年	
5	安全教育培训	（1）特种作业人员持证上岗率100%； （2）新入厂员工岗前"三级安全教育"培训率100%； （3）四新、转岗、复工安全教育培训率100%； （4）职业卫生危害岗位培训率100%	完成率100%	安全办行政部	全年	
6	其他	（1）特种设备及其附件年检合格率100%； （2）设备设施点检率100%； （3）安全投入达标； （4）完成其他安全相关工作	完成率100%	安全办生产部	全年	

编制：××　　　　　审核：××　　　　　日期：××

安全检查记录表

检查项目：□消防安全　　□安全用电、设备安全　　□安全保障
　　　　　□现场安全　　□危化品管理

检查记录人：＿＿＿＿＿＿＿　　时间：＿＿＿＿＿＿＿

检查地点	检查内容	查出安全状况及隐患	现场采取措施和处理情况	备注

填表说明：（1）本表由公司安全生产检查组成员填写；

　　　　　（2）填写内容应清晰，简单明了；

　　　　　（3）发现隐患做到有查必纠。

安全试题（管理人员）

单位：_____　　　姓名：_____　　　分数：_____

一、单项选择题

1. 安全"三宝"不包括以下哪一项？（　　　）
　　A. 安全网　　　　　B. 安全帽　　　　　C. 防护眼镜　　　　D. 安全带

2. 安全带使用几年后应检查一次？（　　　）
　　A. 三年　　　　　　B. 两年　　　　　　C. 一年　　　　　　D. 四年

3. 基坑深度超过多少米时应进行专项支护设计？（　　　）
　　A. 6米　　　　　　B. 4米　　　　　　C. 5米　　　　　　D. 3米

4. 物料提升机安全缓冲距离应为多少？（　　　）
　　A. 2米　　　　　　B. 3米　　　　　　C. 4米　　　　　　D. 5米

5. 起重吊运指挥信号不包括哪一类？（　　　）
　　A. 手势信号　　　　　　　　　　B. 旗语信号
　　C. 信箱信号　　　　　　　　　　D. 眼神信号

6. 以下不属于特殊工种的是：（　　　）。
　　A. 钢筋工　　　　　B. 信号工　　　　　C. 电焊工　　　　　D. 架子工

7. 电焊机一次线的长度不能大于多少米？（　　　）
　　A. 5米　　　　　　B. 6米　　　　　　C. 7米　　　　　　D. 8米

8. 以下哪种施工用气容器瓶颜色、字体颜色搭配错误？（　　　）
　　A. 氧气瓶：天蓝色瓶、白字　　　　B. 乙炔瓶：白色瓶、红字
　　C. 氮气瓶：黑色瓶、淡黄字　　　　D. 氢气瓶：淡绿色瓶、红字

9. 氧气瓶和乙炔瓶工作间距不应少于多少米？（　　　）
　　A. 3米　　　　　　B. 4米　　　　　　C. 5米　　　　　　D. 6米

10. 各种气瓶距明火距离多少米？（　　　）
　　A. 6米　　　　　　B. 8米　　　　　　C. 10米　　　　　D. 12米以上

二、多项选择题

1. 从事脚手架搭设人员应佩戴哪些防护用品？（　　　）
　　A. 戴安全帽　　　　　　　　　　B. 系安全带
　　C. 绑裹腿　　　　　　　　　　　D. 穿防滑鞋

2. 影响边坡稳定的因素有哪些？（　　　）
　　A. 土的类别影响　　　　　　　　B. 土的湿化程度影响
　　C. 气候的影响使土质松软　　　　D. 边坡上面附加荷载外力的影响

3. 高处作业禁止穿哪些鞋?(　　)

    A. 硬底鞋　　　　　　　　　　　　B. 带钉易滑的鞋

    C. 软底鞋　　　　　　　　　　　　D. 皮鞋

4. 国家标准规定安全帽的三项永久性标志是什么?(　　)

    A. 安全帽颜色　　　　　　　　　　B. 制造厂名及商标、型号

    C. 制造年、月　　　　　　　　　　D. 许可证编号

5. 洞口作业应采取哪些防护措施?(　　)

    A. 凡 1.5 m×1.5 m 以下的孔洞,预埋通长钢筋网或加固定盖板

    B. 1.5 m×1.5 m 以上的洞口,四周必须设两道护身栏杆,洞口下张设安全平网

    C. 电梯井口设防护栏杆或固定栅门,电梯井内每隔两层并最多隔 10 m 设安全网

    D. 施工现场的通道口上部搭设安全防护棚

6. 国家规定安全色是以下哪几种颜色?(　　)

    A. 红　　　　　　B. 黄　　　　　　C. 蓝　　　　　　D. 绿

7. 什么样的气候条件禁止露天高处作业?(　　)

    A. 六级以上强风　　　　　　　　　B. 雷雨或暴雨

    C. 烈日下　　　　　　　　　　　　D. 风雪和雾天

8. 安全帽由哪几个部分组成?(　　)

    A. 标签　　　　　　B. 帽壳　　　　　　C. 帽衬　　　　　　D. 下颏带

9. 外用电梯应有哪些安全防护装置?(　　)

    A. 制动器　　　　　　　　　　　　B. 限速器

    C. 门连锁装置　　　　　　　　　　D. 上、下限位装置

10. 电焊机应装设哪些电气安全装置?(　　)

    A. 漏电保护器　　　　　　　　　　B. 隔离开关

    C. 分配电箱　　　　　　　　　　　D. 二次空载降压保护器

三、判断题

1. 在潮湿和易触及带电体场所的照明电源电压不得大于 24 V。　(　　)

2. 变配电室要求做到的五防一通是指:五防,即防火、防水、防漏、防雪、防小动物;一通,即保持通风良好。　(　　)

3. 临近施工区域,对人或物构成威胁的地方,必须支搭防护棚,确保人物安全。　(　　)

4. 吊篮架的承重钢丝绳与安全保险钢丝绳接长使用时,绳卡应不少于三个。　(　　)

5.有裂缝、变形、缩松、滑丝的扣件仍可以使用。　　　　　　　(　　)

6.凡患有高血压、心脏病、贫血病、癫痫病以及其他不适于高处作业疾病的人,不得从事高处作业。　　　　　　　　　　　　　　　　　(　　)

7.在工期紧,任务重情况下,非电工人员也可以自己接线。　　(　　)

8."五临边"指:尚未安装栏杆的阳台周边,无外架防护的层面周边,框架工程楼层周边,上下跑道及斜道的两侧边,卸料平台的侧边。　　　　(　　)

9.手持电动机具可随意接长电源线或更换插头。　　　　　　　(　　)

10.电焊属特种作业,电焊工必须持证上岗;电源控制应使用自动开关,不准使用手动开关。　　　　　　　　　　　　　　　　　　　　(　　)

四、简答题

1.什么是"三违"现象?

2.安全生产中的"三不伤害"是指什么?

3.发生事故时,应该如何处理?

××实业有限公司消防演练方案

一、消防演练目的

检验公司员工消防应急及应对火灾的能力,提高员工灭火、疏散、自救能力和管理者火场组织、协调、指挥能力,使员工在演习中受到锻炼和教育,进一步增强消防安全意识,使预防为主,防消结合的方针在公司得到更好的贯彻落实。

二、演练日期、地点、内容

日期:××年××月××日下午

地点:公司区域

演练内容:本次演练内容分人员疏散和灭火器灭火实战两部分。

三、参加演习人员

公司全体员工

四、火灾模拟场景

××年×月×日上午×点×分,公司总装车间员工张某违规在生产车间使用山寨充电器给手机充电,因×月×日下午上班后未拔下充电器,使充电器长期处于充电状态,并在当天下午 2:20 时导致充电器过热爆炸而引发火灾,火势蔓延,引燃车间违规堆放的易燃品,火势未能得到有效控制。公司启动应急预案组织灭火自救并报 119,将火扑灭。

五、演练指挥机构与职责

(一)现场总指挥

1.根据现场形势做出总体部署,依据《消防应急预案》迅速下达各项指令。

2.确定应急集合地点,并发布全体员工疏散指令。

3.当各项救护行动得以有效控制时,发布解除应急行动指令。

(二)现场副总指挥

1.负责现场各小组的联络及协调沟通。

2.收集火灾现场情况,向现场总指挥汇报,组织各组开展相关灭火搜救工作。

3.负责对外联系,寻求外部支援,如消防部门,医院等。

(三)演习的组织保障与分工

本次演习共分疏散引导组、灭火行动组

疏散引导组　　组长:××组员:××

灭火行动组　　组长:××组员:全体保安

(四)演习起止时间

××年×月×日下午,时间从 14:20 时开始,消防警铃或口哨信号启动消防应急预案开始,下午 14:50 时左右以副总指挥××总结发言结束。演练全程拟计划历时 30 分钟左右。

六、演习准备

1.召集会议确认本演习方案,明确各自责任分工。

2.道具准备:大铁桶二个、柴油、木料若干;干粉灭火器 15 支。

七、演习程序及演练要点

1.火灾初期信息通报及火情控制演练。

2.车间发生火情、火势蔓延,引燃车间违章堆放物品。

(1)按响警铃车间警铃;

(2)同时向上级报告(总指挥);

(3)总指挥到现场察看火情。

3.总指挥下达员工疏散指令。

4.决定并下达报 119 火警指令。

5.保安队长职责。

(1)接指示后向×××镇消防中队模拟报警;

(2)向保安队下达加强厂区及厂大门警戒指令;

八、火场人员疏散引导

1.疏散引导组长××指挥组员分别引导××公司的生产区域人员按规定

路线、从指定安全出口有序逃生,避免拥挤,摔倒现象的发生。特别提示:严禁乘电梯下楼! 在最短的时间内将人员引导到指定集合点(疏散集合点拟初定在物料成品仓库装货区域),并及时向总指挥报告;

2.员工按指令疏散至集合点并以车间为单位列队清点人数。

九、灭火器材现场灭火演练

人员集合完毕,副总指挥宣布灭火实战演习开始。

1.先由保安队长讲解干粉灭火器使用方法及注意事项。

2.灭火行动:当听到指挥人员下达灭火命令后开始灭火演习。

(1)先在铁桶里面燃起大火,让员工代表上来感受灭火器操作,先作模拟动作,再作实战动作,随后大家用干粉灭火器轮流扑灭大火,

(2)操作人员须站在上风口,掌握风向,有效控制现场的烟雾走向。

十、演习总结(形成书面演练报告)

××有限公司消防演练筹备小组

××年×月××日

第五章
验厂制度与表单

验厂工作流程

验厂前的工作及资料的准备	工厂的基本资料提供	工厂的基本概况	
		工厂的营业执照	
		工厂的税务登记录	
		工厂的进出口权证书	
		工厂的生产工艺流程图	
		工厂的平面图	
		工厂的机器设备清单	
		工厂的人事组织结构图	
		工厂的品质控制、质量保证详细组织结构图	
	确定验厂事宜	验厂的日期	
		验厂的地点	
		验厂的联系人	
		验厂的行程等	
验厂过程的执行	开首次会议	召集相应人员，讲述此次验厂要求	验厂的先后顺序
			验厂的配合部门及人员
			验厂时的注意事项等
	查阅资料	管理部：	营业执照的正本
			进出口权的证书正本
			税务登记证书正本
			ISO 证书正本

续上表

验厂过程的执行	查阅资料	管理部	员工社保证书
			当地政府规定最低工资保障证明
			员工劳动合同书
			员工近三个月的出勤工卡
			员工近三个月的工资清单
			最近环保部门验厂的环境报告/测试报告
			培训计划书、培训教材、培训记录、培训考核等
			消防管理措施管理文件
			污水污染等处理文件及记录
			其他资料
		品质部	品质手册、部门程序、工作流程及作业指导书、表格表单
			来料检验、制程检验、成品检验等所有品检标准,作业指导书
			品质标准变更单
			来料检验、制程检验、成品检验之所有品检记录
			不合格品处理报告或品质异常处理单记录
			品质改进改善预防措施报告记录
			客户投诉处理报告单
			品质周、月统计分析报告
			其他资料
		生产部	生产计划排程(周、月排程)
			生产作业指令单(或生产工单)
			退料、换料单
			生产排拉工位图
			生产进度跟进表
			不合格、合格、待检、待修、待返工等 LABEL 纸

续上表

验厂过程的执行	查阅资料	生产部	日、月生产报表
			每日修理报告
			其他资料
		技术部	作业指导书
			产品设计图纸
			工程变更通知单
			产品物料使用清单
			机器设备使用说明、保养、维护等之记录
			仪器设备之校正证书、记录等
			其他资料
		采购部	采购合同
			供应商评估
			原材料证明书、原材料承认书、测试报告
			采购交期进度表
			其他资料
		业务部	客人订单
			合同评审
			客户投诉处理报告单
			其他资料
	现场	来料检验区	原材料检验标准或作业指导书,材料承认书及样品,检测仪器、设备、治具校正及保养维护等,来料检验报告,来料不合格品处理报告,供应商来料统计分析报告,供应商表现评估,原材料证明或测试报告等
		原材料存放区	存放的环境如何,分门别类如何,堆放摆放标示,防火防水防潮防发霉等,合格与不合格、待检与待退分隔怎样
		半成品、成品加工区、巡检区;半成品、成品堆放区	物料摆放、标示的如何,合格与不合格、待检与待修分隔,待退料、待换料情况,作业指导书,生产指令单,仪器设备使用情况等,巡检报告,首件检查,

续上表

验厂过程的执行	现场	半成品、成品加工区/巡检区/半成品、成品堆放区	首件样板,品质异常联络单,SPC统计报表,物料使用清单,检查测试指导书,内、外箱唛资料,过程质量控制检验指导书或标准,包装方式方法,看板管理,目视管理,5S执行情况
		成品抽样检验区	成品检验标准或作业指导书/检测仪器、设备、治具校正及保养维护等/成品检验报告/成品不合格品处理分析报告/成品功能性能测试报告或第三方测试报告/产品寿命测试/产品安全性检查/生产工单/订单资料等
		成品功能性能测试区	检测仪器、设备、治具校正及保养维护等/成品不合格品处理分析报告/成品功能性能测试报告或第三方测试报告/产品寿命测试/产品安全性检查/跌落测试等/
		成品堆放区	存放的条件如何/分门别类如何/堆放摆放高度及标示如何/防火防水防潮防发霉措施如何等/安全措施如何
		样品间	产品质量、5S情况
		写字楼	5S情况
		住宿区	5S情况、安全性
		食堂区	5S情况、卫生情况、卫生许可证
		厂内环境	5S情况
		厂周边环境	5S情况
		其他区域	
	拍照取样	不同区域中	拍取相应的场景
	验完后、开末次会议	召集相应人员,讲述此次验厂的大概情况	简单总结此次验厂情况
			提出特别要改进改善的地方
备注:所有的现场都要稽核其5S执行情况:空气中的质量,消防设备,消防通道,应急措施,如应急灯、光线、噪声大小、气温高低等。			
验完厂后	编辑验厂报告		
	提供要求改进改善之条款/并进行跟进跟踪		

验厂中的工厂质量体系要求

1. 工厂设施和环境

(1)生产、返工、加工、检验、包装及装载的区域是否有足够的照明。

(2)工厂保持清洁和有组织的生产,加工和包装领域。

(3)工厂有单独的检验区与检验台并且适当的通风设备。

(4)工厂已记录害虫、霉菌和湿度的控制程序,其中包括经常巡查(在公司内部或第三方)。

(5)没有打破窗户或屋顶漏水,可能导致产品污染的观察审核期间。

(6)工厂有金属检测单位。

(7)工厂实行严格的尖锐工具控制程序,以防止剪刀、刀、刀片、碎玻璃和针头,出现混合的产品。

(8)工厂有后备电力供应。如"发电机"等应急供电设备。

2. 机器校准和维护

(1)工厂的机器和设备是适合的生产需求的产品。

(2)工厂有文件体系和程序,预定设备清洗和维修。

(3)工厂的机器和设备显示是清洁和良好的运行状态。

(4)机器、设备和工具有适当的标识最后维修、校准日期及进度表。

(5)机器、设备和工具需要维修时有标识以避免意外使用。

(6)工厂有适当的,清洁的和有组织的存储区域的关键模具(即注射模)与标识的货架上。

(7)工厂有适当的文件和更新库存机器、工具、零部件和设备。

(8)工厂维修团队与合适的技术水平和设备,以履行必要的维修和校准的机器上。

3. 质量管理体系

(1)工厂建立适合产品和程序质量管理体系。

(2)工人与主管所熟悉的这些质量的政策和目标。

(3)工厂已记录了顾客投诉体系,并记录召回计划。

(4)工厂 QC 团队是独立于生产部门。

(5)生产管理和 QC 团队讨论和共同努力在解决质量问题/关注的问题。(记录)

(6)工厂有制度和程序能控制物理、化学和生物污染风险,可能会损害产品和人员。

（7）工厂进行风险评估，以识别危险化学品、原材料、工艺设备和工具。

4.进料控制

（1）物料实施先进先出体系

（2）工厂有对进仓原物料、配件和部件质量检验的程序。

（3）进料和出货的物料的数量进行监测和记录。

（4）工厂有采购物料规范。

（5）工厂有文件程序和参考样品以确保进仓原料符合规格。

（6）工厂已适当地对物料隔离体系，不合格的项目隔离以避免污染。

（7）工厂适当隔离良品（不良品），并确定不良品（拒绝）更换。

（8）厂房的存储区域周围有足够的照明、通风和清洁。

（9）材料、部件和配件的妥善堆放并有标记、标签并与地板隔离。

（10）化学品和维修的物质妥善标识和储存，以防止污染的风险。

（11）与颜色有关的材料，如布料、真皮及合成聚氨酯、聚氯乙烯、装饰及配件是否按批号储存。

5.过程和生产控制

（1）工厂是否有产品开发工作区？

（2）在产品设计和开发工厂产品开发的研究与应用是否有产品安全功能、评估模式、模具和样品？

（3）产品开发包括包装设计和测试以确保符合行业标准（ISTA）。

（4）工厂有每一个阶段的运作生产程序文件。

（5）工厂有每一个阶段的运作质量程序文件。

（6）工厂是否实施进行生产前的预产会议？

（7）目前在预产会议有生产和质量主管参加吗？

（8）在预产会议是否有重要的质量和安全检查、审查，并采取行动加以改进记录？

（9）工厂是否进行"试运行"，检讨对产品质量的规格表和文件在纠正行动之前生产？

（10）可以接受目前的产品生产质量吗？（从生产区检查3或4个成品）。

（11）是否有足够的核准样品、首件样品、参考样品和为工人提供适当的作业指导书？

（12）工厂使用有缺陷的、不合格样品是否很普遍？

（13）如果产品质量不符合规格，是否有权停止生产？

（14）工厂使用统计过程控制吗？（质量统计分析）

（15）包装区是否有足够的空间用来履行包装职能？是否清洁和有序的？

（16）包装纸箱都储存在封闭区域内没有暴露于阳光和潮湿天气中。

（17）工厂是否有文件跟踪记录和准时出货的岗位吗？

6.供应商和分包商

（1）工厂是否有选择供应商和批准文件？

（2）工厂是否跟踪、评价物料供应商的可靠性（效能）？

（3）工厂是否有建立质量记录的程序和工厂评估、监测分包商的质量性能呢？

7.内部实验室—测试

（1）工厂是否执行内部实验室测试和配备适当设施？

（2）是否所有量规和测试设备进行有效校准。

（3）各种行业标准测试手册可作为参考吗？

（4）在内部实验室的技术人员受过适当训练的执行测试功能。

8.最终检验

（1）工厂品质控制是否执行最终检验文件？

（2）已核准的样品或参考样品与包装清单和唛头，可作为工厂品质管理参考。

（3）失效检验得到适当纠正后并由，由客户最终检验。

（4）订单异常的货物除非从客户获得豁免的程序。

9.人力资源和培训

（1）工厂对符合在职培训的所有人员进行岗前技能培训。

（2）工厂进行技术培训计划启动包括机械工程师、机械师、质量保证审计员和实验室测试技术员。

（3）记录学员及所有工作人员定期业绩记录，并予妥善保存。

社会责任验厂清单

（1）工卡或考勤记录（过去 12 个月）。

（2）工资表（过去 12 个月）。

（3）员工花名册及员工个人档案（含身份证复印件）。

（4）劳动合同、工伤记录。

（5）社会保险收据、参保人员花名册，当地参保要求文件，或合格证明文件等。

（6）工商营业执照。

（7）建筑工程消防验收意见书或消防备案记录、消防检查报告。

(8)消防演习记录、紧急疏散计划及工伤记录、消防检查报告等。

(9)特种设备注册登记及检验文件,如电梯、机动叉车、锅炉等。

(10)特种作业人员操作证,如电工、焊接工等(如有)特种设备作业人员操作证,如电梯工、叉车司机、司炉工等。

(11)厨房餐饮服务许可证及厨工健康证。

(12)职业健康体检记录及化学品安全培训记录。

(13)环保文件(如建设项目环评、环评批复、建设项目竣工环境验收报告、排放污染物申报登记表等)。

(14)危险废物处置商的经营许可证,危险废物转移联单等。

(15)企业规章制度或员工手册。

(16)政府有关当地最低工资标准文件。

(17)当地劳动局关于综合计算工时工作制批文或延长加班批文。

(18)未成年工体检及劳动局登记记录。

(19)建筑平面图。

(20)劳务派遣工的入职档案(含身份证复印件、入职日期等)、考勤及工资表记录、劳动合同、社会保险收据及合格证明,与劳务派遣单位签订的合同及劳务派遣单位的营业执照。

(21)(危险)化学品清单。

(22)其他文件(视审核情况所需工资表:过去十二个月)。

社会责任验厂具体要求

1.关于工时记录和工资记录

(1)工厂要有准确的员工考勤记录,考勤记录上要有准确的上班时间、下班时间、加班时间。

(2)工厂的工资表要与实际的考勤记录准确对应,正常工资、平时加班工资和节假日的加班工资要符合国家规定。

(3)要提供工人工资的银行转账记录,转账记录要与工资表相对应。

(4)所有员工的工资必须符合国家的最低工资标准。

(5)按新的劳动合同法规定和本地区的最低工资标准规定。

(6)考勤记录上,工人每周工作不应超过 60 小时,每天加班时间不应超过 3 小时,每月不应超过 36 小时。

(7)考勤记录上,每 7 天至少要有 1 天休息时间。

(8)考勤记录要与员工的请假记录一致。

(9)工资如采取综合计时制计算,要有劳动部门签发的批文。

2.关于劳动合同

(1)工厂全体员工要有花名册,每个与员工都应有正确的劳动合同。

(2)要保证签订劳动合同时工人年龄已满16周岁,严禁雇用童工。

3.关于人事档案和身份证复印件

(1)工厂的每名员工都应有人事档案。

(2)人事档案中要有身份证复印件,要根据身份证核对工人入厂时年龄已满16周岁。

4.关于员工的请假记录,离职申请及工资支付

(1)员工的请假记录与员工的考勤记录,工资记录要一致。

(2)离职的员工要有离职申请,离职当天要支付其应得的工资,并有离职工人签收工资的记录,签收日期为离职当日。

(3)工厂不得以任何理由扣押工人的工资。

5.关于厂规,厂纪和奖惩记录

(1)工厂要有相应的厂规、厂纪,厂规、厂纪不应有各种罚款条款。

(2)外来人员进入工厂应有相关的规定和限制,这些规定要有书面文件。

6.关于保险和相关记录

(1)所有的工人都参加国家规定的医疗,工伤、生育、失业、养老保险。

(2)工厂要有缴纳各种保险的记录和证明。

7.关于消防

(1)消防和逃生疏散演习应每6个月进行一次,并要有相关的演习图片。

(2)每个车间都应有消防器材,要保证每一种消防器材都在有效期之内,消防器材附近不能堆积杂物。

(3)厂区内要有消防警铃。

(4)工厂的各个区域和宿舍区要有逃生路线图。

(5)工厂和宿舍区地面要有逃生路线标识,逃生路线上不允许堆积杂物,要保持畅通。

(6)工作区域,宿舍区域,仓库要有第二出口,第二出口要保持畅通,不能上锁,并要有清楚标识。

(7)各个区域的安全出口和楼梯都要有应急灯。

(8)灭火器要悬挂。

8.营业执照,税务登记证要正确

9.关于厨房,厨工和未成年工人

(1)厨房要有卫生许可证。

（2）要确保厨房的每名工人都有健康证。

（3）未成年工入厂要有体检记录。

（4）未成年工人要有上岗登记。

（5）未成年工要有花名册，并且要到劳动局备案，要有相应证明文件。

10.工伤记录和急救人员培训

（1）工人的工伤要有相应的记录。

（2）工厂要进行急救培训，并要有培训证书。

（3）车间要有急救药箱，所有药物不能过有效期。

11.工厂使用的机油，去污剂或锚水要符合环保和健康要求，并且要有供应商提供的物质安全资料表（MSDS）。

12.工厂要有断针记录，断针记录要与实际工作时间一致，要保证在休息日没有断针记录。

13.各种产量统计报表也要与实际工作时间一致，要确保休息日没有产量记录。

14.各个区域的电源控制板前不应堆积杂物。

社会责任验厂现场要求

1.消防栓，灭火器安置是否规范、合理？

每组灭火器数量应在 2～5 个范围内，间隔距离不得超过 25 米，离地 15～150 cm 并且用铁架固定支撑

2.灭火器类别是否与现场一致？根据我司的产品特性，灭火器的配置需满足 A 类、B 类和 C 类三类火灾要求。

"灭火器配置场所的火灾种类可划分为以下五类。

A 类火灾：指含碳固体可燃物，如木材、棉、毛、麻、纸张等燃烧的火灾。

B 类火灾：指甲、乙、丙类液体火灾或可熔化固体物质，如汽油、煤油、柴油、甲醇、乙醚、丙酮等燃烧的火灾。

C 类火灾：指可燃气体，如煤气、天然气、甲烷、丙烷、乙炔、氢气等燃烧的火灾。

D 类火灾：指可燃金属，如钾、钠、镁、钛、锆、锂铝镁合金等燃烧的火灾。

E 类火灾（带电火灾）：指带电物体燃烧的火灾。

（1）A 类火灾场所应选择水型灭火器、磷酸铵盐干粉灭火器、泡沫灭火器或卤代烷灭火器。

（2）B 类火灾场所应选择泡沫灭火器、碳酸氢钠干粉灭火器、磷酸铵盐干粉

灭火器、二氧化碳灭火器、灭 B 类火灾的水型灭火器或卤代烷灭火器。

（3）C 类火灾场所应选择磷酸铵盐干粉灭火器、碳酸氢钠干粉灭火器、二氧化碳灭火器或卤代烷灭火器。

（4）D 类火灾场所应选择扑灭金属火灾的专用灭火器。

（5）E 类火灾场所应选择磷酸铵盐干粉灭火器、碳酸氢钠干粉灭火器、卤代烷灭火器或二氧化碳灭火器，但不得选用装有金属喇叭喷筒的二氧化碳灭火器。"

3. 消防栓、灭火器、总电闸、警铃位置是否有阻塞？

任何时候都不能堵塞消防设施。（如果有多处堵塞，则会视为重大安全隐患，为零缺陷）

4. 消防栓、灭火器，是否有检查保养记录？是否良好，可否使用？灭火器压力是否在有效范围内？

灭火器、消防栓上应张贴检查记录表，标明该器材的检查及维修保养状况（至少每月一次），灭火器的压力值必须在绿色区域，灭火器的喷管、拉匙（锡封）无破损（压力不够或喷管破损严重的应及时更换）。

5. 应急灯，安全出口，布局是否合理？能否正常使用？

每一个工作区域至少应有两个独立的紧急出口（小于 100 平方米且少于 6 人的工作区域除外，但该出口必须设在从车间任何一处都易于到达的位置）。

所有的紧急出口都应有带荧光或灯箱的安全出口标识和应急灯，站在车间任何位置，都必须要能够看到出口指示标识。

安全出口及逃生通道在任何时候都要保持畅通无阻。

紧急出口门应朝外开启，朝内开的紧急出口门应在工作时间内保持开启并固定。

卷帘门或推拉门作为紧急出口门时，应在工作时间内保持开启，或者在卷帘门或推拉门上开一个可以外推的小门作为安全出口。

应急灯应定期（至少每月一次）进行检查并记录，无法正常使用的必须及时更换。

6. 工作场地是否合理分区？通道是否画线标明？地面有无合理分布箭头标记？

工作场地划分必须满足员工易于逃生的原则。

通道必须画线（可以用喷漆或是贴胶纸）标识。

7. 安全消防通道和紧急出口有无标识？安全通道标志，地面箭头是否完整？箭头指向是否正确？是否畅通？

安全消防通道和安全出口要有标识；安全通道之箭头必须完整与清晰可

见,箭头指向安全出口;安全出口及逃生通道在任何时候都要保持畅通无阻。

完整的急救箱配置参考清单

药品名称	数量	用　　途	保质(使用)期限
医用酒精	1瓶	消毒伤口	
新洁而灭酊	1瓶	消毒伤口	
过氧化氢溶液	1瓶	清洗伤口	
0.9%的生理盐水	1瓶	清洗伤口	
2%碳酸氢钠	1瓶	处置酸灼伤	
2%醋酸或3%硼酸	1瓶	处置碱灼伤	
解毒药品	按实际需要	职业中毒处置	有效期内
脱脂棉花、棉签	2包、5包	清洗伤口	
脱脂棉签	5包	清洗伤口	
中号胶布	2卷	粘贴绷带	
绷带	2卷	包扎伤口	
剪刀	1个	急救	
镊子	1个	急救	
医用手套、口罩	按实际需要	防止施救者被感染	
烫伤软膏	2支	消肿、烫伤	
保鲜纸	2包	包裹烧伤、烫伤部位	
创可贴	8个	止血护创	
伤湿止痛膏	2个	瘀伤、扭伤	
冰袋	1个	瘀伤、肌肉拉伤或关节扭伤	
止血带	2个	止血	
三角巾	2包	受伤的上肢、固定敷料或骨折处等	
高分子急救夹板	1个	骨折处理	
眼药膏	2支	处理眼睛	有效期内
洗眼液	2支	处理眼睛	有效期内
防暑降温药品	5盒	夏季防暑降温	有效期内

续上表

药品名称	数量	用　途	保质(使用)期限
体温计	2 支	测体温	
急救、呼吸气囊	1 个	人工呼吸	
雾化吸入器	1 个	应急处置	
急救毯	1 个	急救	
手电筒	2 个	急救	
急救使用说明	1 个		

××有限公司员工手册

一、总　则

1. 为统一规范公司所有员工的行为准则,明确企业与员工之间的权利和义务,根据《劳动合同法》及其他相关的规定,结合本公司的具体情况,特制定本手册。

2. 凡在本公司任职的所有人员称为员工,均受本手册约束。

3. 本规则为指导性制度,应同时参考其他管理文档使用。

二、人员招聘和雇用

1. 人员招聘

(1)公司因生产和工作需要招聘人员,由用人部门提出申请,经批准后方可进行招聘。

(2)招聘的标准和准则:公司招聘员工的主要标准是以应聘人对所应聘的岗位是否适合、身体是否符合要求而定,并以该职位所需的实际知识及应聘人所具经验为录取准则。

(3)招聘制度:公司为员工创造晋升和发展机会,对一些特殊职位,根据职位技能要求制订内部招聘计划实行内部招聘。员工可以通过内部招聘调迁,获得发展空间,但通过内部招聘到新岗位的员工,在新岗位的试用期为半个月,合格留用,否则人事部另行安排工作。

2. 雇用规定

(1)入厂

①应聘人必须如实填写员工基本情况表后由人事部核实,并由用人部门面试及考试合格后,方有资格成为本公司雇员。

②应聘人必须保证所有证件的真实性,不得使用假身份证或借用他人的身

份证入职，否则后果自负。

③有下列情况之一者，不能招聘为本公司员工：

a. 年龄未满十六周岁者；

b. 曾经触犯刑法、被剥夺公民权未恢复权者；

c. 通知在案未撤销者；

d. 经录用后，如发现在应聘时提供虚假资料或隐瞒事实之行为者，给予开除处理；造成严重损失者，追究其法律责任。

④员工进厂须交一寸免冠彩色照片两张；验证身份证、学历证明、健康证明，提交复印件在人事部存档，办理入厂手续后成为本公司员工。

(2)合同签订：公司聘用员工后，在一个月内与之签订《劳动合同》，合同期限满，经双方协商，可续签或终止续签，劳资双方须严格遵守《劳动合同》。

三、员工行为规范

1. 衣着形象规范

(1)工作时必须佩戴厂牌；

(2)不穿背心、短裤、裙子；

(3)女工头发不得披散过肩，长发者必须束发以免卷入机器；

(4)必须佩戴相关劳保用品。

2. 语言规范

(1)文明用语，不说脏话及人身攻击性语言；

(2)礼貌用语，接听电话语言：您好、谢谢、对不起、请稍候、请问贵姓，结束语言：谢谢，再见。

3. 素质规范

(1)爱惜厂牌和考勤卡，厂牌或考勤卡损坏或遗失者，需到人事部按规定更换或补办；

(2)团结同事，互相帮助。

4. 纪律规范

(1)严格执行劳动纪律考核条款；

(2)严格执行公司制定的其他规定。

四、薪资

本着互惠互利的原则，公司给予员工合理的薪酬待遇，但由于薪金待遇是公司与员工个人之间的事务，因此不得打听、泄露或流传薪金情况。员工待遇为工资、福利津贴和加班费三部分。

(1)工资：视员工学历、经验、技能及工作岗位和入厂时间而定；

(2)加班费：因生产需要公司安排员工加班，公司按规定付给加班费。

（3）薪金发放：计薪时段为每月 1 日至当月底。新进员工从上班之日起计薪，离职人员按离职之日起停薪，并按实际出勤时间计算。

薪资调整：公司视经营状况及员工工作表现、工作业绩和岗位等因素，决定每年度是否对员工进行薪资调整。

五、工作时间

（1）常规工作时间：每天正常工作 8 小时，每周 44 小时工作制。

（2）加班规定：常规以外的工作时间为加班，加班时间以 15 分钟为计算单位。

（3）员工加班所占用的休息时间可经主管批准后安排，无法安排补休的按规定计发加班费。

（4）上班时间：

上午班	下午班
07:30	11:30
12:30	16:30
17:30	20:30

六、福利

（1）劳动保护：公司提供必需的劳保用品，以保障员工的劳动安全和身心健康。

（2）文体活动：公司定期组织文体宣传教育活动，提高全员凝聚力。

七、考勤规定

（1）迟到：工作时间开始 1 分钟后刷卡视为迟到，迟到或当月累计迟到达 30 分钟者按记过一次计算。

（2）早退：工作时间终了前 1 分钟刷卡视为早退，早退或当月累计早退 30 分钟者按记过一次计算。

（3）旷工

①合同期内累计旷工 15 天（含 15 天）者按自动离职处理。

②未经请假或假期满后未经续假而擅自不到职者视为旷工，按实际缺勤时间计算旷工工时。

③禁止委托、代人刷卡，委托、代人刷卡记录无效，委托、代人刷卡者双方均按有关处罚条例处罚。

八、员工晋升、考核、奖惩管理

1. 职等定级及晋升路线

（1）管理职级：指导工→主任→经理。

(2)设计类技术职级:技术员→技师→工程师。

(3)制作类技术职级:技工→高级技工。

(4)文职类级别:文员→资深文员。

(5)现场操作类人员:员工。

(6)晋升和降级:公司根据工作需要,权衡员工能力和素质,按规定评估考核,可晋升或降调员工到合适职务,按照公司职等定级标准逐级提升或下调,薪资按对应职位等标准进行调整。

2.考核规定

(1)考核方式:分为月度、季度、年度考核,具体按照有关考核方法实行。

(2)考核条款:所有员工的考核均分为劳动纪律考核、员工素养考核及业务考核三大部分。

3.奖励

按员工实际考核得分及对公司的贡献分为嘉奖、记功、记大功,每年度按评定情况进行晋升加薪,正常晋升按公司职等规定逐级提升。

4.处罚

按员工实际考核得分及对公司造成的损失分为警告、记过、记大过,每年度按评定情况进行降级,降薪或辞退、开除。

5.奖惩办法

按照奖惩细则及有关规定实施,同时功过可以抵消,对应如下:

(1)嘉奖对书面警告;

(2)记功对应记过;

(3)记大功对应记大过。

九、出差

员工出差,须经经理批准并交代好相关事宜,以及办理好考勤备案后,方可出差,具体按《出差管理办法》执行。

十、培训

1.职前培训

凡加入本公司的员工,必须参加公司组织的职前培训,以便对公司的规模、前景、本公司的有关纪律和规定、企业文化等有一个较全面的了解。

2.技能培训

所有员工都可以得到必要的技能培训;员工必须服从公司的安排,认真接受公司的有关技能培训,以达到熟练、安全地操作设备和顺利完成相关工作。

3.派外培训

因工作需要公司安排员工培训,员工必须积极配合参加,同时必须与公司签订培训协议。

十一、《劳动合同》的解除

《劳动合同》的解除分为资遣、开除、辞职、自动离职。

(1)资遣：正式员工在合同期内，因公司的原因与部分员工解除劳动合同时，采用资遣形式。

(2)开除：对违反国家有关法规或本公司规章制度的员工，公司可以对当事人作开除处分。

(3)辞职：试用期员工可随时提出辞职，允许当日生效；合同期内正式员工需结束劳动合同时，必须提前30天提交书面申请报告，30天后，辞职自动生效。未能提前30天提交书面申请报告者，经部门经理及行政部批准后方可办理手续，结算工资后离厂。

(4)自动离职：员工旷工十五天以上者，视为自动离职。

(5)员工应在离开工厂前，应将厂牌、工厂锁匙等属于工厂的财物交还工厂，才能结算工资后离厂。

十二、安全与卫生

(1)本公司视安全为企业生存和发展的首要条件，将安全视为各项工作之首。

(2)员工必须严格执行安全生产操作规程，违反操作规程造成事故者，视情节轻重送公安机关处理。

(3)注意维持工作设施安全与环境卫生者整洁，以保证公司财产和个人健康安全。

十三、激励和合理的申诉渠道

公司力求不断完善内部激励机制，以鼓励员工发挥最大的潜能和主观能动性，提高工作质量和工作效率。

(1)处事公正、公平是激励机制的首要原则，如果员工认为周围的人或事有违公正、公平的原则，可以利用电话、信件或其他方式向行政反应，或直接向总经理信箱投诉。公司尊重员工的意见，进行调查作出答复或向上级呈报，协同各部门进行改善，并为其保密。

(2)欢迎员工就任何时候提出合理化建议，公司将交与相关人士商讨所担建议之可行性，一经采用，都会给予相应奖励。

十四、咨询管理

(1)所有员工在公司任职期内完成的资料、图纸以及各种文档等所有权归公司所有，严禁在公司计算机上存储属于个人的文件资料，未经许可严禁私自进行拷贝、个人存储或以任何方式将资料带离公司。

（2）未经咨讯管理人员许可，严禁使用外来磁盘，所有文件一律以网络主机存储为主。严禁在公司计算机上从事与工作内容无关的操作。

十五、违规处罚细则

序号	违 章 行 为	处 罚 方 法
1	不按公司规定着装和佩戴劳保品	初犯者口头警告，重犯者书面警告
2	上班时代打卡	初犯者口头警告，重犯者书面警告
3	上班铃响后未正式投入工作	初犯者口头警告，重犯者书面警告
4	违反公司进出规定，拒绝接受保安或管理人员查询、劝阻者	初犯者口头警告，重犯者书面警告
5	工作时间脱岗、睡岗、串岗、嬉闹、电话闲聊和会客等与工作无关的行为	初犯者口头警告，重犯者书面警告
6	违章操作情节轻微，未经公司造成直接经济损失者	初犯者口头警告，重犯者书面警告
7	未经允许，擅自在公司销售商品者	警告、没收商品
8	乱丢垃圾，随地吐痰者	初犯者口头警告，重犯者书面警告
9	工作时精神不集中，态度散漫，无精打采	初犯者口头警告，重犯者书面警告
10	下班铃响前提前关机、提前下班	初犯者口头警告，重犯者书面警告
11	卫生责任区内混乱	警告并立时整改
12	携带不必要物品进入生产场所	初犯者口头警告，重犯者书面警告
13	冒替刷卡考勤	记过
14	工作不力，屡教不改	记过
15	迟到、早退、旷工	按情节轻重警告、记过、开除
16	未经允许擅自带外人入厂参观	记过
17	在工作场所内喧哗或口角，不服管教	记过
18	在厂区内吸烟者（厂区指车间及阳台，仓库，和露天区）	记过
19	破坏正常工作秩序、干扰妨碍他人工作	记过

续上表

序号	违 章 行 为	处 罚 方 法
20	未经允许私自拆装或使用设备	记过
21	酒后上岗从事与机械有关等危险性作业	记过
22	未请假或请假未经批准擅自离岗	记过
23	在公司内传播黄色淫秽物品	记过、没收传播物品
24	未尽职责、消极怠工	记大过、降级
25	违章操作、损坏、丢失公司财物,造成经济损失	记大过、降级
26	泄露打听公司技术、工资机密	记大过、降级
27	无正当理由拒绝上级安排的工作、调动	记大过、降级
28	管理人员对所属人员明知舞弊有据而予以隐瞒庇护或不举报	记大过、降级
29	对所管辖区域或人员有欺瞒公司行为而不予处理	记大过、降级
30	故意浪费公司财物或办事疏忽使公司受损	记大过、降级
31	在工作场所嬉戏,有伤风化行为	记大过、降级
32	全年旷工累计达 15 天以上	记大过、降级
33	未按公司规定或指示擅自改变工作方法,致使发生错误令公司蒙受损失	记大过、降级
34	对上级主管不满,不通过正当渠道陈述己见或提供建议而任意谩骂	记大过、降级
35	对所管辖区域人员两次以上犯错,造成公司经济损失的管理	记大过、降级
36	领导或指示不当,忽视安全隐患导致安全事故,未造成严重经济损失	记大过、降级
37	兼职其他与本职同性质工作	开除

序号	违 章 行 为	处 罚 方 法
38	忽视安全隐患或违反操作规程引发重大事故	开除
39	领导或指示不当,忽视安全隐患导致安全事故,造成严重经济损失	开除
40	提供虚假个人人事资料	开除
41	经办事务不如实报告或制造假资料欺骗公司	开除
42	故意制造假工时资料欺骗公司	开除
43	恶意污辱、谩骂、恐吓和要挟管理人员者或同事	开除,视情节送公安机关处理
44	借公司名义从事私利活动	开除,视情节送公安机关处理
45	管理人员滥用职权、采用恶劣手段打击报复员工	开除,视情节送公安机关处理
46	在公司内打架、聚众赌博和非法集会	开除,视情节送公安机关处理
47	挑拨劳资双方关系,非法煽动员工怠工、罢工	开除,视情节送公安机关处理
48	伪造、盗用公司印信	开除,视情节送公安机关处理
49	故意毁坏公物、涂改公司文件和公告	开除,视情节送公安机关处理
50	泄露公司商业、工资机密	开除,视情节送公安机关处理
51	损坏公司或他人声誉、诬陷他人	开除,视情节送公安机关处理
52	携带武器、凶器或违禁品到公司	开除,视情节送公安机关处理
53	有其他严重违纪、违法行为	开除,送公安机关处理
54	参加非法组织活动	开除,送公安机关处理
55	盗窃公司和他人财物	开除,送公安机关处理
56	吸食毒品或其他违禁品	开除,送公安机关处理

续上表

序号	违 章 行 为	处 罚 方 法
57	负案在身者或在职期间被公安部门追究刑事责任	开除,送公安机关处理
备注	1:凡开除者,公司不须提前通知也不提供任何经济补偿即给予开除; 2:书面警告 2 次等于记过 1 次,记过 2 次等于记大过 1 次,累计记大过 2 次给予开除; 3:其他上述未列之违规行为按情节轻重给予警告、记过、记大过直至开除	

十六、奖励细则

序号	奖 励 内 容	奖励方式
1	品德良好、技术超群、恪尽职守足为同仁表率且有具体事迹	嘉奖
2	工作努力,能适时完成重大或特殊交办任务	嘉奖
3	拾金不昧价值 200 元(含)以上	嘉奖
4	节约意识强,避免资源浪费有显著成绩	嘉奖
5	遇有灾难勇于负责,处理得当	嘉奖
6	捉获盗窃者,为公司或员工挽回损失	嘉奖
7	及时制止公司内部恶性斗殴事件的发生或发展	嘉奖
8	领导有方,使工作拓展有相当成效	嘉奖
9	研究改善生产设备有特殊功效	记功
10	检举重大违规或损害公司利益	记功
11	适时消灭意外事件或重大变故,使公司免遭严重损害	记功
12	发现职守外故障,予以速报或妥为防止损害足为嘉许	记功
13	维护员工安全,冒险执行任务立功	记大功
14	遇有重大火灾或意外事故奋不顾身抢救	记大功
15	维护公司重大利益,避免重大损失	记大功
16	工作出色,被公司评为年度先进个人	奖金、晋级
17	一年内记大功劳两次	奖金、晋级

续上表

序号	奖 励 内 容	奖励方式
18	服务每满 3 年,考绩优良,未曾缺勤及未受记过处分	奖金、晋级
19	研究发明,对公司确有贡献并使成本降低,利润增加	奖金、晋级
备注	1:每一年度嘉奖 2 次等于记功 1 次,记功 2 次等于记大功一次; 2:其他未列入上述奖励细则的立功行为者,视贡献给予嘉奖、记功	

说 明

　　本手册无法交代一切,如果你阅读时对内容有质疑,可到行政部咨询。《员工手册》内容公司可以更改,如果有与本《员工手册》内容相悖的另行规定,且颁发时间在本《员工手册》发布之后,请以公司另行规定为准。

　　《员工手册》最终解释权在公司行政部。

　　员工在离厂时应将本手册交回公司行政部。

审批、盖章:＿＿＿＿＿＿＿＿＿

修订日期:＿＿＿＿＿＿＿＿＿

第六章
工会制度与表单

基层工会会员代表大会组织形式

一、概念

会员代表大会(会员大会)是基层工会的最高领导机构。

职工代表大会(职工大会)是基层单位实行民主管理的基本形式,是职工行使民主管理权力的机构。

文件依据:《中华人民共和国工会法》《中国工会章程》《工会基层组织选举工作条例》《基层工会会员代表大会条例》

工会会员代表大会与职工代表大会内容如下表。

	工会会员代表大会	职工代表大会
定义	会员代表大会(会员大会)是基层工会的最高领导机构	职工代表大会(职工大会)是基层单位实行民主管理的基本形式,是职工行使民主管理权力的机构
操作文件	《基层工会会员代表大会条例》	××省职工代表大会操作规程
组织实施	基层工会委员会	基层工会委员会
参加人员	会员或会员代表	职工或职工代表
职权	讨论决定基层工会重大事项,选举基层工会领导机构,并对其进行监督。	审议通过集体合同,听取行政方工作报告,选举职工董事监事,讨论涉及职工切身利益的规章制度或重大事项方案,督促用人单位履行集体合同,执行职代会决议,办理代表提案等。

二、有关要求

工会章程:工会基层组织的会员大会或者会员代表大会,每年至少召开一次。会员代表大会的职权:

（一）审议和批准基层工会委员会的工作报告；

（二）审议和批准基层工会委员会经费收支预算决算情况报告、经费审查委员会工作报告；

（三）开展会员评家，评议基层工会开展工作、建设职工之家情况，评议基层工会主席、副主席履行职责情况；

（四）选举和补选基层工会委员会和经费审查委员会组成人员；

（五）选举和补选出席上一级工会代表大会的代表；

（六）罢免其所选举的代表、基层工会委员会组成人员；

（七）讨论决定基层工会其他重大事项。

三、具体操作

依据文件：《基层工会会员代表大会条例》

（一）总则

……

第二条　本条例适用于企业、事业单位、机关、社会团体和其他社会组织单独或联合建立的基层工会组织。

乡镇（街道）、开发区（工业园区）、村（社区）建立的工会委员会，县级以下建立的区域（行业）工会联合会，如召开会员代表大会的，依照本条例执行。

单建工会和小二级工会（联合工会、工会联合会）

注意：社区总工会依照本条例执行。

第三条　会员不足100人的基层工会组织，应召开会员大会；会员100人以上的基层工会组织，应召开会员大会或会员代表大会。

（注："以上""以下""以内""届满"包括本数；"不满""以外"，不包括本数。）

……

第五条　会员代表大会实行届期制，每届任期三年或五年，具体任期由会员代表大会决定。会员代表大会任期届满，应按期换届。遇有特殊情况，经上一级工会批准，可以提前或延期换届，延期时间一般不超过半年。

会员代表大会每年至少召开一次，经基层工会委员会、三分之一以上的会员或三分之一以上的会员代表提议，可以临时召开会员代表大会。

……

第七条　基层工会召开会员代表大会应向同级党组织和上一级工会报告。换届选举、补选、罢免基层工会委员会组成人员的，应向同级党组织和上一级工会书面报告。上一级工会对下一级工会召开会员代表大会进行指导和监督。

……

第三十一条　每届会员代表大会第一次会议召开前，应将会员代表大会的组织机构、会员代表的构成、会员代表大会主要议程等重要事项,向同级党组织和上一级工会书面报告。上一级工会接到报告后应于15日内批复。

小提示:

关于"届"和"次"的问题

会员大会或会员代表大会。新成立或换届选举的会员大会或会员代表大会,应称为"第××届会员大会或会员代表大会第一次全体会议"。届中召开的会员大会或会员代表大会,从第二次开始排序。

例:

××公司工会第三届会员大会第一次全体会议

××公司工会第三届会员代表大会第一次全体会议

××公司工会第三届委员会第一次全体会议

⋯⋯

第十条　会员代表的选举和会议筹备工作由基层工会委员会负责,新成立基层工会的由工会筹备组负责。

第十一条　会员代表大会根据需要,可以设立专门工作委员会(小组),负责办理会员代表大会交办的具体事项。

⋯⋯

(二)会员代表

1. 代表人数,见下表

会员数	代表数
100～200	30～40
201～1 000	40～60
1 001～5 000	60～90
5 001～10 000	90～130
10 001～50 000	130～180
50 001 及以上	180～240

2. 代表的组成

第八条　会员代表的组成应以一线职工为主,体现广泛性和代表性。中层正职以上管理人员和领导人员一般不得超过会员代表总数的20%。女职工、青年职工、劳动模范(先进工作者)等会员代表应占一定比例。

一线职工:班组长及以下人员

正式代表总数的 20%,不含列席、邀请代表,也不是代表候选人总数的 20%。

3.代表的条件

> **第十四条** 会员代表应具备以下条件:
>
> (一)工会会员,遵守工会章程,按期缴纳会费;
>
> (二)拥护党的领导,有较强的政治觉悟;
>
> (三)在生产、工作中起骨干作用,有议事能力;
>
> (四)热爱工会工作,密切联系职工群众,热心为职工群众说话办事;
>
> (五)在职工群众中有一定的威信,受到职工群众信赖。工会章程:工会会员享有选举权、被选举权和表决权。保留会籍的人员除外。
>
> 保留会籍的情况:
>
> (1)会员已办理离休、退休(含提前退休)手续的;
>
> (2)会员失业的,尚未安置就业或实现再就业,由原用人(工作)单位办理保留会籍手续;
>
> (3)离开工作岗位长期不能参加工会组织生活的,如参军、离职上学、长期病休、出国等,由原单位办理保留会籍手续;
>
> (4)已经与用人(工作)单位解除劳动(工作)关系并已实现再就业的会员,如其再就业的单位尚未建立工会组织,由会员居住地工会组织办理保留会籍手续;
>
> (5)援外人员,由原单位办理保留会籍手续。

4.代表的选举

第十五条 会员代表的选举,一般以下一级工会或工会小组为选举单位进行,两个以上会员人数较少的下一级工会或工会小组可作为一个选举单位。会员代表由选举单位会员大会选举产生。规模较大、管理层级较多的单位,会员代表可由下一级会员代表大会选举产生。

选举单位:子公司、分公司、分厂、车间、部室、工会小组等

第十六条 选举单位按照基层工会确定的代表候选人名额和条件,组织会员讨论提出会员代表候选人,召开有三分之二以上会员或会员代表参加的大会,采取无记名投票方式差额选举产生会员代表,差额率不低于15%。

候选人数=应选人数+应选人数×差额率(向上取整数)

第十七条 会员代表候选人,获得选举单位全体会员过半数赞成票时,方

能当选；由下一级会员代表大会选举时，其代表候选人获得应到会代表人数过半数赞成票时，方能当选。

召开会员大会，应到全体会员 100 人，实到 90 人，至少应获得 51 票赞成票，而不是 50 或 46 票。召开会员代表大会同理。

第十八条　会员代表选出后，应由基层工会委员会或工会筹备组，对会员代表人数及人员结构进行审核，并对会员代表进行资格审查。符合条件的会员代表人数少于原定代表人数的，可以把剩余的名额再分配，进行补选，也可以在符合规定人数情况下减少代表名额。基层工会代表大会不设代表资格审查委员会。

第十九条　会员代表实行常任制，任期与会员代表大会届期一致，会员代表可以连选连任。

会员代表常任制是指基层工会会员代表大会的代表在规定的任期内，始终具有代表资格、履行代表权利和义务的制度。

会员代表的任期与基层工会代表大会届期一致，即从每届工会会员代表大会举行第一次会议开始，至下届本级工会会员代表大会选举工作完成后为止。

第二十五条　有下列情形之一的，会员代表身份自然终止：

（一）在任期内工作岗位跨选举单位变动的；

（二）与用人单位解除、终止劳动（工作）关系的；

（三）停薪留职、长期病事假、内退、外派超过一年，不能履行会员代表职责的。

A 选举单位调动到 B 选举单位，原选举单位 A 空缺的代表名额可以补选。

第二十七条　会员代表有下列情形之一的，可以罢免：

（一）不履行会员代表职责的；

（二）严重违反劳动纪律或单位规章制度，对单位利益造成严重损害的；

（三）被依法追究刑事责任的；

（四）其他需要罢免的情形。

第二十八条　选举单位工会或三分之一以上会员或会员代表有权提出罢免会员代表。会员或会员代表联名提出罢免的，选举单位工会应及时召开会员代表大会进行表决。

第二十九条　罢免会员代表，应经过选举单位全体会员过半数通过；由会员代表大会选举产生的代表，应经过会员代表大会应到会代表的过半数通过。

5. 选举权和罢免权的对等原则

第三十条　会员代表出现缺额，原选举单位应及时补选。缺额超过会员代表总数四分之一时,应在三个月内进行补选。补选会员代表应依照选举会员代表的程序,进行差额选举,差额率应按照第十六条规定执行。补选的会员代表应报基层工会委员会进行资格审查。

差额率15%,计算方法同前,最少1人。

(三)大会的召开

1. 提前报告

第三十一条 第一次会议召开前、重要事项、两份书面报告。

2. 培训

第三十二条 第一次会议召开前

3. 时间

第三十三条 全部选举产生后、一个月内

4. 通知

第三十五条 提前5个工作日、日期、议程、提交会议事项(注意与职代会的区别)

5. 预备会议

第一次会议召开前、筹备情况报告、审查情况报告、选举办法

6. 列席与邀请代表

非代表的两委委员、不享有选举权、表决权关于第一次会议列席与邀请代表的特别说明。

选举工作《工会基层组织选举工作条例》略。

第三十九条 会员代表大会应每年对基层工会开展工作、建设职工之家和工会主席、副主席履行职责等情况进行民主评议,在民主评议的基础上,以无记名投票方式进行测评,测评分为满意、基本满意、不满意三个等次。

罢免的情形:

(一)连续两年测评等次为不满意的;

(二)任职期间个人有严重过失的;

(三)被依法追究刑事责任的;

(四)其他需要罢免的情形。

基层工会委员会委员具有上述(二)(三)(四)项情形的,可以罢免。

罢免的程序:提议→考察→开会→投票表决→报批。

注意罢免与请辞的区别。

第四十二条 规模较大、人数众多、工作地点分散、工作时间不一致,会员代表难以集中的基层工会,可以通过电视电话会议、网络视频会议等方式召开

会员代表大会。不涉及无记名投票的事项,可以通过网络进行表决,如进行无记名投票的,可在分会场设立票箱,在规定时间内统一投票、统一计票。

第四十三条 会员代表大会与职工代表大会应分别召开,不得互相代替。如在同一时间段召开的,应分别设置会标、分别设定会议议程、分别行使职权、分别作出决议、分别建立档案。

......

第四十五条 除会员代表的特别规定外,召开会员大会依照本条例相关规定执行。

......

第四十七条 本条例自发布之日起施行,以往有关规定与本条例不一致的,以本条例为准。

1992 年 4 月 14 日中华全国总工会办公厅印发的《关于基层工会会员代表大会代表实行常任制的若干暂行规定》同时废止。

工会集体合同(通用版本)

甲 方:_____有限公司　　乙 方:企业职工_____人

企业法定代表人:_____　　　企业工会主席:_____

企业方首席代表:_____　　　职工方首席代表:_____

第一条 为建立稳定和谐的劳动关系,依法维护职工和企业的合法权益,根据《中华人民共和国劳动法》《中华人民共和国工会法》《集体合同规定》等有关法律、法规和规章的规定,经双方平等协商,签订本合同。

第二条 本合同生效后,对企业和企业职工具有法律约束力。

第三条 职工与企业应签订劳动合同,明确双方权利和义务。在劳动合同中约定工资支付的内容,约定的工资支付标准不得低于本合同或者工资集体协议的规定。

第四条 企业实行职工每日工作 8 小时,每周工作不超过 40 小时的工时制度。企业有责任不断改进生产管理,控制延长工作时间。确需延长工作时间的,企业应说明情况,与工会或职工协商同意后,可适当延长时间,并按规定支付加班加点工资。

第五条 企业每月以货币形式发放月工资给职工本人,最低工资不低于政府规定的最低标准水平。

第六条 职工代表与企业代表可依法就企业内部工资分配制度、工资分配形式、工资收入水平等事项进行平等协商,在协商一致的基础上签订工资集体协议。工资协议作为集体合同的附件,与集体合同具有同等效力。

第七条 企业必须建立、健全劳动安全卫生制度,执行国家劳动安全卫生规程和标准,对职工进行安全卫生教育,防止劳动过程中的事故发生,减少职业危害。职工代表与企业代表可就职业安全卫生事项进行平等协商,签订专项协议。职业安全卫生协议可作为集体合同的附件,与集体合同具有同等效力。

第八条 企业应改善劳动条件,保障女职工的特殊权益。职工代表与企业代表可就女职工权益保护事项进行平等协商,签订专项协议。女职工权益保护协议可作为集体合同的附件,与集体合同具有同等效力。

第九条 企业应当依法建立和完善劳动规章制度,保障劳动者享有的劳动权利,履行劳动义务。对职工实行社会保险,提高职工的福利待遇。

第十条 企业应当建立职业培训制度,有计划地对职工进行职业技能培训和职业卫生培训。

第十一条 职工应当完成劳动任务,提高职业技能,执行劳动安全卫生规程,遵守劳动纪律和职业道德。

第十二条 企业建立劳动争议调解委员会,处理本企业的劳动争议。

第十三条 本合同经职工代表大会讨论通过。

第十四条 为全面有效地履行本合同,企业代表与职工代表组成监督检查小组,对合同履行情况进行定期监督检查,及时协商解决检查中存在的问题。

第十五条 本合同有效期限为____年。

自____年____月____日至____年____月____日止。

第十六条 本合同未尽事宜,按有关法律、法规规定执行,或通过双方协商解决。

第十七条 本合同一式四份,双方各执一份,报市劳动和社会保障局、市总工会各一份。

甲 方(盖章): 乙 方(盖章):

职工方首席代表: 企业方首席代表:

年 月 日 年 月 日

工会工资集体协议(通用版本)

甲 方:_____有限公司 乙 方:企业职工_____人

企业法定代表人:_____ 企业工会主席:_____

企业方首席代表:_____ 职工方首席代表:_____

第一条 为保障劳动关系的和谐稳定,维护劳动关系双方的合法权益,根据《中华人民共和国劳动法》《中华人民共和国工会法》《工资集体协商试行办法》等有关法律、法规和规章的规定,经双方平等协商,签订本协议。

第二条　本协议生效后,对企业和企业职工具有法律约束力。

第三条　企业根据经营特点,采用的基本工资制度为下列第＿＿＿项:①岗位工资制;②岗位效益工资制;③岗位薪点工资制;④岗位等级工资制。

第四条　企业在确定工资标准时,应综合考虑职工岗位的职责、技能素质、工作条件和劳动强度,要以岗位测评为依据,参考劳动力市场工资指导价位与本企业工资水平等,合理确定岗位工资标准和工资差距。

第五条　企业根据生产经营特点,工资形式结合职工工作岗位,实行下述第＿＿＿项:①计时工资;②计件工资;④计时工资加浮动工资;③营销收入提成。

第六条　企业在保证执行市政府规定最低工资标准的前提下,确定支付给职工的月最低工资为＿＿＿元。

第七条　企业职工上年度年平均工资为＿＿＿元,上年企业工资总额＿＿＿万元。根据企业经营情况,考虑到当地发布的企业工资指导线、劳动力市场指导价位、本地区行业的职工平均工资水平、城镇居民消费价格指数等情况,经与职工方协商,对本协议期限内职工工资进行适当调整。具体采用方法为下述第＿＿＿项:①企业经营利润每增长百分之一,职工工资按比例增长＿＿＿%,企业经营利润下浮则按比例下降＿＿＿%;②按照当地发布的工资指导线标准,平均工资比上年增长＿＿＿%;③绝对额年增加＿＿＿元。

第八条　在职工履行正常劳动义务的前提下,企业必须按国家规定按月足额发放工资,并在每月＿＿＿日(如遇节假日或休息日,则应提前在最近工作日)支付职工工资(或由银行直接划入职工个人工资卡)。如企业故意拖欠工资,职工有权要求企业按国家规定给予相应的经济补偿。

第九条　企业依法安排职工加班、加点时,应征得工会或职工同意,并按《劳动法》的有关规定支付加班加点工资。

第十条　职工因工负伤或者患职业病需要停止工作接受治疗的,实行工伤医疗期。工伤职工在工伤医疗期内,按月发给工伤津贴。工伤津贴标准相当于工伤职工本人受伤前履行正常劳动义务前 12 月内的月平均工资收入。如果受伤前工作不满 12 个月的,应按实际工作时间的月平均收入计发工伤津贴。

第十一条　协议签订后,遇有不可抗力或企业环境发生重大变化,双方可协商变更,但每年不能超过一次。

第十二条　本协议有效期限为＿＿＿＿＿＿年。

自＿＿＿＿＿年＿＿＿月＿＿＿日至＿＿＿＿＿年＿＿＿月＿＿＿日止。

第十三条 本协议未尽事宜,按有关法律、法规规定执行,或通过双方协商解决。

第十四条 本协议一式四份,双方各执一份,报市劳动和社会保障局、市总工会各一份。

甲　方:_____　　　　　　　乙　方:_____

(盖章)　　　　　　　　　　　　(盖章)

企业方首席代表:_____　　　职工方首席代表:_____

(签字或盖章) 年　　月　　日　　(签字或盖章)　年　　月　　日

工会职业安全卫生协议(通用版本)

甲　方:_____有限公司　　　乙　方:企业职工_____人

企业法定代表人:_____　　　　企业工会主席:_____

企业方首席代表:_____　　　　职工方首席代表:_____

第一条 为加强企业安全生产监督管理,维护职工劳动安全卫生权利,促进企业发展,根据《中华人民共和国劳动法》《中华人民共和国安全生产法》《中华人民共和国职业病防治法》等法律法规,经双方平等协商一致,签订本协议。

第二条 本协议生效后,对企业和企业职工具有法律约束力。

第三条 企业必须为职工创造符合国家职业卫生标准和卫生要求的工作环境和条件,并采取措施保障职工获得职业卫生保护。

第四条 企业应当对职工进行安全生产教育和培训,使职工熟悉本企业的安全生产规章制度和安全操作规程。对特种作业人员必须安排专门的安全作业培训,取得特种作业操作资格证书,做到持证上岗。

第五条 企业必须为职工提供符合国家职业卫生标准或行业标准的劳动防护用品或职业病防护用品。

第六条 企业要贯彻执行《女职工劳动保护规定》,依法加强女职工的特殊保护。企业不得安排未成年工从事接触职业病危害的作业。

第七条 企业应依法参加工伤社会保险,为职工交纳保险费。职工因工负伤或者患职业病的,医疗期间和伤残鉴定后的待遇,按有关工伤保险的规定执行。

第八条 企业应对职工特别是从事有职业危害作业的职工定期进行健康检查。

第九条 职工在劳动过程中必须遵守安全操作规程。

第十条 职工对企业管理人员违章指挥、强令冒险作业的,有权拒绝执行。

职工有权对企业的安全生产工作提出意见和建议,对危害生命安全和身体健康的行为,有权提出批评和检举。

第十一条 企业与职工订立劳动合同时,应当如实告知作业场所和工作岗位存在的危险因素,以及在工作过程中可能产生的职业病危害及后果、职业病防护措施和待遇,并在劳动合同中写明,不得隐瞒和欺骗。

第十二条 职工发生因工伤亡事故,企业应及时通知工会协助处理。

第十三条 本协议有效期限为＿＿＿＿年。

自＿＿＿年＿＿月＿＿日至＿＿＿年＿＿月＿＿日止。

第十四条 本协议未尽事宜,按有关法律、法规规定执行,或通过双方协商解决。

第十五条 本协议一式四份,双方各执一份,报市劳动和社会保障局、市总工会各一份。

甲 方: 乙 方:

(盖章) (盖章)

企业方首席代表: 职工方首席代表:

(签字或盖章) (签字或盖章)

年 月 日 年 月 日

工会女职工权益保护协议（通用版本）

甲 方:＿＿＿＿有限公司 乙 方:企业职工＿＿＿＿人

企业法定代表人:＿＿＿＿ 企业工会主席:＿＿＿＿

企业方首席代表:＿＿＿＿ 职工方首席代表:＿＿＿＿

第一条 为维护女职工的合法权益,更好地发挥女职工在经济建设中的作用,促进企业发展,根据《中华人民共和国劳动法》《中华人民共和国工会法》《中华人民共和国妇女权益保障法》等有关法律法规和政策规定,经双方平等协商一致,签订本协议。

第二条 本协议生效后,对企业和企业女职工具有法律约束力。

第三条 企业与女职工建立劳动关系时签订劳动合同,实行男女同工同酬。

第四条 企业按社保有关规定参加生育保险,履行缴费义务。

第五条 企业根据女职工的生理特点和所从事的职业特点,对经期、孕期、产期、哺乳期的女职工给予特殊保护。

第六条 女职工在符合计划生育规定的孕期、产期、哺乳期内，企业不得降低其工资，不随意解除与女职工的劳动合同。

第七条 企业应执行《中华人民共和国妇女权益保障法》规定的女职工禁忌的劳动范围。

第八条 对怀孕的女职工，不在正常劳动日以外延长劳动时间。对怀孕 7 个月以上（含 7 个月）的女职工，一般不安排其从事夜班工作，在工作时间内应扣减相应的工作量。

第九条 女职工分娩后，应保障其产假及相关待遇。

第十条 女职工哺乳时间和在本单位内哺乳往返时间，算作劳动时间。女职工在哺乳期间，一般不延长其工作时间，不安排夜班工作。

第十一条 企业应建立妇科病检查治疗制度，对从事有毒有害工作的女职工，定期进行职业健康检查。

第十二条 企业应支持工会女职工组织参与民主管理。女职工代表比例与企业女职工比例相当。女职工代表参与平等协商签订集体合同和工资集体协议的全过程。企业劳动争议调解委员会中应有女职工代表。

第十三条 本协议有效期限为_____年。

自_____年___月___日至_____年___月___日止。

第十四条 本协议未尽事宜，按有关法律法规规定执行，或通过双方协商解决。

第十五条 本协议一式四份，双方各执一份，报市总工会、市劳动和社会保障局各一份。

甲 方： 乙 方：
（盖章） （盖章）

企业方首席代表： 职工方首席代表：
（签字或盖章） （签字或盖章）

　　年　　月　　日 　　年　　月　　日

第七章
工厂宿舍、食堂、保安管理

员工宿舍管理制度

一、目的

为保证本公司员工宿舍的安全、整洁、卫生,为员工创造一个良好的生活、休息场所,特制定本制度。

二、范围

宿舍区:

人　员:

三、具体内容

(1)所有住宿人员住进或迁出之前,必须办理相关手续,并到宿舍管理员处登记,办好钥匙、用具等领取手续。

(2)各宿舍选室长一名,负责本室相关事务并安排宿舍人员轮流值日卫生。除特殊情况外,员工的生活、住宿方面的事情一律向室长汇报,后由室长向公司宿舍主管人员反映。

(3)室长每天自查宿舍、楼道及盥洗间等卫生状况,不符合标准的令当事人修改,公司相关部门每月不定期进行宿舍大检查,检查结果按实际情况予以公布并实施奖惩制度。

(4)公司宿舍仅限本公司员工住宿,未经许可一律不得留(寄)宿外来人员,对来司探亲或介绍应聘人员必须向宿舍负责人申请经批准后方可住宿。

(5)公司宿舍的会客时间为 17:30—21:00,统一放假日则为 8:00—21:00,会客人员及来宾一律在门卫处登记,不得随意进入员工宿舍。

(6)宿舍内铺位、桌子按公司规定统一摆放,任何人不得随意变动。员工需自行增加生活、休息、娱乐等设施应向宿管员申请经批准后方可实施。

(7)自觉爱护公物,损坏公物照价赔偿;不得在地面、墙壁、阳台上乱写乱涂,未经允许不得在墙壁上打铁钉、拉绳子等。

(8)自觉节约用电,注意用电安全,不得私拉电线,不得在宿舍内使用热得快、电炉、电茶壶、电暖器等大功率电器。

(9)节约用水,用水后及时关闭水龙头。不得随意把水倒在宿舍内、楼道上、墙壁上、窗门外。

(10)维护环境卫生,不把食物残渣、包装物、杂物等各类垃圾丢在宿舍地面、楼道、卫生间、盥洗间及窗门外,一律按规定放在垃圾篓或垃圾箱(桶)内。

(11)原则上员工不得将饭菜带入宿舍用餐,除生病等特殊原因。

(12)自觉维护宿舍秩序,不得在宿舍、楼道内大声喧哗、追逐嬉闹,电视或收音机及唱歌等声音不得影响他人休息。

(13)未经允许,不得将公司产品等公物带入宿舍。违反者处以 20 元至 100 元的处罚,情节严重的予以开除并追究刑事责任。

(14)严禁在宿舍内赌博、盗窃及有伤风化的行为,不得将危险物品(管制刀具等)带入宿舍,违反者一经发现一律移交属地派出所处理。

(15)每天晚上 9 点以后男女员工不得相互在异性员工宿舍逗留。

(16)遵守作息时间,晚上准时归宿,超过规定熄灯时间的要登记并注明原因。

(17)宿舍在检查评比中公开打分,分数最高的予以公开表扬、奖励;分数低于 65 分的,下发"整改通知单";分数最低的,予以通报批评。

四、执行

本制度未尽事宜按员工手册执行。

本制度自批准之日起正式实施。

宿舍"6S"考评表

考评项目及配分		考评寝室							
1.床铺平整,棉被折成块,棉被、枕头摆放正确、整齐	10分								
2.脸盆、鞋子、热水瓶放规定摆放	10分								
3.私人物品除按规定放置外,其余均放置于衣柜内	10分								
4.凳子用后归位,窗帘按规定挂,宿舍设备保养良好	10分								
5.洗衣粉、肥皂、毛巾按规定放置	10分								

续上表

考评项目及配分		考评寝室								
6. 地面、卫生间保持清洁、干净	10分									
7. 垃圾分类后于第二天上午 8:00 前放置规定区域	10分									
8. 电源关,无私拉电源、电线,功率超过 350 kW 的电器	10分									
9. 柜子、桌子无灰尘(有电视机则电视机上无灰尘)	10分									
10. 墙面、床底无灰尘、蛛网(带厨房,则厨房无油渍)	10分									
合计	100分									

注:此检查制度实行不定时检查,每次检查进行登记、汇总,检查分数低于 65 分的寝室,下发"整改通知单",并对室长进行督导。

整改通知单

_____宿舍:

你宿舍存在以下问题:

1.

2.

3.

4.

5.

请于____月____日之前将上述问题整改,卫生检查小组将不定期进行回访抽查,望引起大家重视,共同做好宿舍卫生工作。

宿舍卫生检查小组

_____年____月____日

住宿申请单

姓名	工号	部门	入职日期	需入住日期	申请人： 总务核准：

核定入住时间	房间号	床铺号

申请人部门主管：　　　　　　　　　　　　　申请人：

入住人员物品领用、归还申请单

物品领用			物品归还		
领用物品	单位	领用数量	归还物品	单位	归还数量
床位	张		床位	张	
衣柜	格		衣柜	格	
抽屉	个		抽屉	个	
房间门钥匙	把		房间门钥匙	把	
抽屉钥匙	把		抽屉钥匙	把	
衣柜钥匙	把		衣柜钥匙	把	
开始使用日期			归还日期		
使用人签字			归还人签字		
行政管理部			行政管理部		

退宿申请单

年　　月　　日

姓名	工号	部门	房间号	退宿原因	需退宿日期

行政管理部：　　　　　　　室长：　　　　　　　申请人：

宿舍、床位调换申请单

年　　月　　日

姓名	工号	部门	原房间号	原床位号
需调房间号			需调床位号	
调换理由				

行政管理部：　　　　　　　室长：　　　　　　　申请人：

宿舍设备请修表

设备名称	具体位置	请修日期/时间	请修人	处理人/结果

宿舍卫生检查考核表（一）

检查日期： 年 月 日

当天值日人员：

具体时间：

检查人：

区域	卫生检查标准	分值	得分	备注
地面	有积尘或垃圾死角，每处扣1分	5		
	地上有痰迹或烟头，每处扣1分	5		
	有杂物或碎纸等，每处扣1分	5		
墙壁	在墙壁上乱写乱画，每处扣1分	5		
	墙壁上有蜘蛛网，每处扣1分	5		
	窗台上有垃圾杂物，每处扣1分	5		
家具	床具摆放不整齐，每处扣1分	5		
	乱拉绳挂放衣物，每处扣1分	5		
	桌椅摆放不整齐，每处扣1分	5		
	桌面物品摆放混乱，每处扣1分	5		
个人	床上物品被子、床单、枕头摆放混乱，每处扣2分	10		
	床下鞋子、行李及物品摆放混乱，每处扣1分	6		
	个人衣物及洗漱用品摆放混乱，每处扣1分	6		
卫生间	卫生间干净无异味，可视清洁程度酌情扣分	10		
垃圾	及时清理垃圾，视垃圾积累程度酌情扣分	10		
态度	态度恶劣不服从宿舍管理制度，每处扣1分	10		
合计		100		

宿舍卫生检查考核表（二）

区域	标准	分值	姓名	姓名	姓名	姓名	姓名	姓名	姓名	姓名	姓名	姓名	
个人物品	衣服叠放不整齐，乱打乱挂，发现一处扣2分	10											
	洗漱用品摆放不整齐，发现一处扣2分	10											
床上物品	被子叠整齐，放置床头，发现一处不符合标准扣2分	10											
	床单平整，衣物叠整齐，发现一处不符合标准扣2分	10											
	枕头摆放整齐，发现一处不符合标准扣2分	10											
床下物品	鞋子摆放不整齐，发现一次扣2分	10											
	行李箱及其他物品摆放不整齐，发现一次扣2分	10											
个人卫生	脏衣物不及时清洗，影响宿舍环境，发现一次扣2分	10											
	便池及时冲洗，发现一次未冲洗扣2	10											
态度	态度恶劣不服从宿舍管理制度，视态度恶劣程度，酌情扣分	10											
合计		100											

××有限公司宿舍管理制度

一、目的

为加强与完善员工宿舍的管理,营造一个安全、卫生、整洁、文明、舒适的生活环境,规范员工的个人生活行为,保证员工得到充分的休息,以维护公司生产安全和提高员工工作效率,特制订本制度。

二、适用范围

适用于公司生活区的住宿管理。

三、职责

(1)行政部负责制订相关的宿舍管理规定,负责组织抽查,并负责按本规定实施奖惩。

(2)行政部负责员工宿舍日常管理与配合财务部每月做好宿舍固定资产台账统计工作。

(3)行政部宿舍管理员负责宿舍的合理安排和调度、登记造册,并监督入住员工及宿舍设施和卫生管理。

四、相关的文件

《员工宿舍文明守则》

五、内容

1.员工入住、退住管理

(1)员工入住必须填写入住申请单,由行政人事部确认后方可进行宿舍安排,申请批准后必须于3日内迁入。

(2)入住管理宿舍时,员工需先核对宿舍物品清单无误并签字后,才可以进住。

(3)宿舍内的配置,任何人都无权予以处置。如需变换位置,须由行政部批准方可,否则即便能在该套房间外找到该配置,责任人也须照价赔偿,不能确定责任人的,则由该套房间的所有舍员分担。

(4)员工入住必须具备本公司职工身份,以下人员不允许申请入住本公司宿舍:患有传染病者;有吸毒、赌博、酗酒闹事、偷盗等不法行为者。

(5)员工未经申请擅自入住5日内罚款50元,5日以上者罚款100元,严重违规者取消入住资格;员工申请获准后3日内未迁入者,则视为无意入住,取消已分配的床位。

(6)员工因辞职、辞退等通过正式手续离开本公司者,首先将宿舍内的私人物品清理干净,由宿舍管理员检查过原宿舍的物品清单,并将行李搬出宿舍到宿舍管理员处经检查确认后,行政部方给予签字。员工在结账之后不得逗留本公司宿舍内,如有特殊情况者须经行政部同意借住时日,方可借住。

2.员工住宿管理

(1)员工入住后必须服从宿舍管理员或人事行政的合理安排和调度,否则视情节轻重罚款20～100元。

(2)员工住宿期间因特殊原因,希望调整宿舍者,须先到后勤处填写调舍申请单,经行政部批准后方可进行调整和登记。未经申请批准随意调整宿舍者,给予罚款50元,并搬回原宿舍。

(3)为保护女工安全及保证休息时间,任何时间男工不得进入女工宿舍或在女工宿舍内逗留,甚至骚扰影响女工休息,一经发现视情节轻重,罚款100～200元,若有违法现象,送交司法机关办理。

(4)员工入住期间不得进行影响他人休息的活动,例如聚众喧哗、喝酒、开大音麦等。经劝导不听者,给予罚款20～50元,情节严重者按公司处罚条例进行从重处理。

(5)员工在入住期间,有偷盗、打架行为者,一律开除出公司,并赔偿由此造成的损失。

(6)已婚或未婚男女不得同宿于单身集体宿舍,以免影响他人休息,否则将给予责任人罚款200元。

(7)员工若非请假超过15日未在宿舍内住宿者,取消入住资格。

(8)员工申请住宿不得弄虚作假,申而不住,只占床位,扣款20～100元,并取消入住资格。

(9)员工住宿实行对口入住,一人一床位,不得出现一人占有两床,否则罚款50元。

(10)宿舍内外一律禁止养家畜、家禽或宠物,违者限期2天内自行处理,并给予罚款50～100元。

(11)严禁在宿舍内存放违禁、易燃易爆物品及管制刀具,一经发现,除没收物品外,追加罚款100元。

(12)为保证公私财物的安全,严防火灾隐患,严禁在宿舍内乱拉、接电源,使用热得快、电热炊具等,以及功率超过300 W的电器设备,一经发现,公司将予以没收。对违反规定造成电路故障所带来的损失,一切责任由责任人承担。并严禁宿舍人员在生活区内燃放烟火和鞭炮。

(13)公司监察小组将不定期对宿舍进行检查,宿舍成员应给予积极配合,不得无理阻碍检查工作,否则给予责任人罚款50～100元。

(14)宿舍人员应熟练掌握消防器材和安全装置的使用方法,严禁破坏消防器材设备;并不得在走廊、楼梯、出入口和紧急出口处堆放杂物。

(15)积极举报不法行为和损害公司、工友利益的行为,及正确维护公私财物者,公司将对其给予保密或表扬,并给予一定的奖励。

3.宿舍访客与留宿管理

(1)本公司原则上谢绝厂外人员进入生活区。

(2)私人访客应在访客时间(08:00～22:00)之间进行,保安可请来访人于生活区门岗接待室稍候,在来访人与被访人联系后,由被访人至保安门卫接待室领引进生活区,并留下证件登记访客;访客离开时,应在"访客登记本"上登记访客的离开时间,领取证件。

(3)原则上 20:00 以后不再办理访客手续。宿舍管理员配合行政部对访客时间已过(22:00)仍逗留公司的人员进行追踪。

(4)员工住宿期间,若有亲友来访借住,必须填写担保借住申请单,经批准后方可入住后勤处指定的宿舍。非直系亲属最长借住时间不得超过 2 天,直系亲属最长借住时间不得超过 7 天;未办理手续而入住本公司宿舍者,将外来人员遣送出生活区外,并记担保人小过一次;若借住者在厂内有闹事、喧哗等不良行为,记担保人大过一次并给予经济处罚;若借住者在厂内有偷盗、打架行为者,公司将把外来人员送司法机关法办,并担保人取消住宿资格。

(5)直系亲属(父母、配偶、子女)或亲兄弟、亲姐妹、祖父母、外祖父母留宿要求超过 7 天者,必须填写"职员家属长期留宿申请书",经行政部审核总经理审批后方可办理;并需要进行相关登记手续。同时,入住直系亲属或亲兄弟、亲姐妹、祖父母、外祖父母必须遵守公司生活区相关规章制度,其安全由申请人自行负责,公司不负任何责任。

(6)员工入住或亲友借住手续的办理时间为每天的 10:30～11:30、16:30～17:30。

(7)对于因某些需要,借调其他公司人员、外协人员,招收临时工,人员招聘面试,施工单位等,需要在公司内临时借宿者,可事先由部门主任级以上人员发出《内部联络单》至行政部予以安排,必要时或视情况为其办理《宿舍临时出入证》。

(8)员工亲友借住期间,如违反公司生活区相关规章制度,其责任由申请人承担,情节严重或屡教不改者,公司将取消其借住资格。

4.宿舍房租、水电管理

(1)员工宿舍的房租、电费按公司规定由全舍人员进行分摊,按月收取。

(2)如调整宿舍或者其他原因没有在之前宿舍住满一个月,入住者当月不足 15 天的,按半个月标准计算,超过 15 天的按一个月标准计算。

(3)提倡节约用水、用电。单身集体宿舍内不得使用大功率的烧水用具及炊具,例如,电炉、电烧杯等,违者罚款每次 20～50 元,并没收用具。

(4)公司宿舍一律不准使用燃气灶及用电设备进行炊事活动,违者每次罚款 50～100 元。

(5)员工因用电不当或恶意破坏引起公司水电设施损坏的,由当事人承担责任,并视情节轻重罚款 50～200 元。

5. 宿舍维修管理

(1)员工宿舍内设施使用过程中形成的损坏,维修费用由全舍人员承担或责任人承担。

(2)宿舍维修必须填写"宿舍设备请修表",说明各项目由后勤处联络安排人员维修。

(3)宿舍设施及水电设施不得人为故意损坏,否则按以下标准进行处理,由责任人承担或没有责任人由该宿舍员工分摊。

①宿舍门损坏 1 个,扣 50～220 元。

②窗户损坏 1 个,扣 20～100 元。

③日光灯损坏 1 支,扣 20 元,节能灯 1 支 10 元。

④双层床架损坏,扣 50～180 元。

⑤柜子损坏,扣 50～150 元。

⑥桌子损坏,扣 20～100 元。

⑦开关损坏,扣 10 元。

⑧宿舍内结构性损坏,视情况支付维修费用。

⑨门锁损坏,扣 25 元。

⑩宿舍配置的物品不达使用期限而故意损坏或丢失的,应支付维修费用或照价赔偿。

⑪其他视情节轻重而定。

6. 宿舍内务管理

(1)宿舍区内要保证卫生整洁,不得随意乱丢果皮、纸屑垃圾,不得乱泼污水等,违者罚款 20～50 元。

(2)为了大家的人身财产安全着想,宿舍区内严禁抽烟(抽烟应到专门的吸烟处)、喝酒、赌博等一切不良嗜好,违者罚款 50～100 元以上,视情况严重而定。

(3)员工入住期间,应维护本舍环境清洁,安排轮流值日,被检查到宿舍脏乱差的每次扣款 20 元并曝光公布。

（4）宿舍内物品摆放应由宿舍内员工进行整理，凡私人物品乱放者，宿舍杂物乱堆者，给予拍摄曝光，连续三次不改，作集体记小过处理。

（5）宿舍内墙壁不得乱贴、乱涂、乱画、乱打钉或乱贴胶纸等行为，一经发现每次扣款20元。

（6）员工自有的贵重物品应妥善保管，进出宿舍应注意关闭门窗，要有自我保护的意识，若有遗失，应由员工自行负责。

（7）宿舍内部人员必须团结，但不得搞帮派结群闹事，有此类现象一经发现，立即取消住宿资格并按规定处罚。

（8）各宿舍实行门前三包，垃圾倒入指定的垃圾筒里，随意朝楼下丢垃圾每次扣款50元，门前有垃圾者每次扣款20元。

六、附则

本制度的解释权归行政部，其修改和补充，须经行政部同意、总经理签署之后，方可执行。

本制度自颁发之日起执行。

员工食堂管理规定

（一）严格遵守公司的一切规章制度。按时上下班，坚守工作岗位，服从组织安排，遇事要请（销）假，未经同意不得擅自离开工作岗位。

（二）树立全心全意为员工服务的思想，讲究职业道德。文明服务，态度和蔼，主动热情，礼貌待人，热爱本职，认真负责。做到饭熟菜香，味美可口，饭菜定量，食材均衡，平等待人。

（三）遵守财经纪律。员工就餐一律刷卡，禁止收取现金。任何人在食堂就餐须按规定标准收费。不得擅自向外出售已进库的物品。

（四）坚持实物验收制度，搞好成本核算。做到日清月结，账物相符。每月盘点一次，每月上旬定期公布账目，接受员工的监督。

（五）爱护公物。食堂的一切设备、餐具有登记，有账目，不贪小便宜，对放置在公共场所内的任何物件（公家或个人），不得随便搬动或拿做他用。对无故损坏各类设备、餐具者，要照价赔偿。

（六）做好炊事人员的个人卫生。做到勤洗手、剪指甲，勤换、勤洗工作服，工作时要穿戴工作衣帽。炊事人员每年进行一次健康检查，无健康合格证者，不准在食堂工作。

（七）计划采购，严禁采购腐烂、变质食物，防止食物中毒。

（八）安排好员工就餐排队问题，缩短排队时间，按时开餐。每天制定一次食谱、早、午、晚餐品种要多式样,提高烹调技术,改善员工伙食。对因工作需要不能按时就餐和临时客餐,可事前有预约和通知。

(九)做好安全工作。使用炊事械具或用具要严格遵守操作规程,防止事故发生;严禁随带无关人员进入厨房和保管室;易燃、易爆物品要严格按规定放置,杜绝意外事故的发生;食堂工作人员下班前,要关好门窗,检查各类电源开关、设备等。管理员要经常督促、检查,做好防盗工作。

(十)加强管理,团结协作,严格执行各类规章制度,圆满完成各项工作任务。

食堂就餐管理制度

一、目的

为了规范公司食堂就餐管理,给就餐员工营造一个安全、卫生、优美、舒适的就餐环境,特制定本规定。

二、范围

员工就餐管理。

(1)午餐:11:00—12:00;晚餐:17:00—17:30。

(2)非就餐时间员工不得随意进入食堂。

(3)员工进入食堂后,必须遵守秩序,打饭时要自觉排队,服从食堂人员管理和劝告,不得争先恐后,不准敲盆喧哗。

(4)员工应按时就餐,如有特殊原因提前或延后就餐的应提报总经办,由总经办通知食堂人员,否则,用餐时间以外,食堂不提供用餐。

(5)就餐人员应文明就餐,不拖拉椅子,不大声喧哗并自觉保持食堂、餐桌、餐厅及周边环境的卫生清洁,吃剩的饭菜自己清理干净倒入垃圾桶内,严禁将剩菜、剩饭倒入洗碗池,以防堵塞下水管道,违者罚款50元。

(6)就餐人员应按照自己饭量盛饭打汤,避免造成浪费。

(7)未经许可任何人员不得私带物品到厨房加工。

(8)禁止私自带领无关人员到食堂就餐,如工作需要,报行政部通知食堂工作人员。

(9)对伙食有任何意见或建议均可向主管人员反映,大家群策群力,共同搞好食堂建设。

员工食堂满意度调查表

为了完善公司食堂管理、持续提高食堂服务质量,让员工更加精神饱满地做好生产工作,现此次调查为不记名调查,希望大家从公司及自身实际出发,积极配合、认真、详实地填写。谢谢配合!

1. 食堂给你的整体感觉如何？（　　　）

    A. 环境舒适整洁、饭菜可口　　　　B. 环境一般、饭菜可口

    C. 环境一般、饭菜一般　　　　　　D. 环境差、饭菜口味差

2. 你是否熟知食堂就餐的相关规定？（　　　）

    A. 熟知并认真执行

    B. 知道一点

    C. 不知道，但自己能管好自己

    D. 不知道，去吃就行了，不管那么多

3. 你在食堂饭餐中是否发现异物？（　　　）

    A. 很干净卫生、没发现过　　　　　B. 没注意、吃饭时已经太饿了

    C. 有，发现过一些小的异物　　　　D. 每餐我都有看见，习惯了

4. 你觉得食堂每餐的汤类味道如何？（　　　）

    A. 不错，挺好喝的

    B. 还行吧，偶尔味道是可以的

    C. 一般般，吃饭噎到有的救就好

    D. 味道不行，哪里叫汤

5. 你觉得食堂饭菜口味怎么样？（　　　）

    A. 很好啊、比我进过的其他厂都好

    B. 还行，偶尔是可以的

    C. 一般般，和其他厂没什么区别

    D. 有待提高，没吃过这么难吃的食堂

6. 你对食堂餐具的卫生消毒情况感觉如何？（　　　）

    A. 挺好的，挺干净卫生的

    B. 餐盘消毒觉得做得不错

    C. 饿了就吃饭，没注意过

    D. 感觉很不干净

7. 你觉得食堂每餐的荤素搭配怎么样？（　　　）

    A. 荤素搭配，不油不腻，口感不错　　B. 荤菜不错，青菜就不好吃

    C. 青菜种类多点就好了　　　　　　D. 无所谓，没注意过

8. 你觉得食堂的就餐秩序如何？（　　　）

    A. 井然有序，人人自觉排队

    B. 大部分人都排队，个别人插队

    C. 大家都争先恐后，没秩序而言

    D. 自己管自己的，能吃到饭就行了，不管那么多

9. 你对食堂的就餐环境怎样评价？（　　）

    A. 宽敞明亮，整洁干净

    B. 秩序井然，但环境要改善

    C. 阴暗、闷热、环境差

    D. 环境恶劣，剩菜剩饭到处都是

10. 你觉得食堂的工作人员服务质量如何？（　　）

    A. 和善可亲，服务很舒心

    B. 态度挺好，就是打饭菜时没听过我的要求

    C. 态度强硬，都不听我们个人的合理要求

    D. 不管他，吃到饭就好了

11. 你觉得食堂工作人员的个人卫生习惯怎么样？（　　）

    A. 不错，整体感觉都挺干净的　　　　B. 凑合，劳动人民哪有那么多讲究

    C. 一个字，脏　　　　　　　　　　　D. 没注意过，不管我的事

12. 如果公司将对食堂进行部分的整顿改建，你有哪些意见与建议呢？

食堂管理调查问卷

    亲爱的员工您好，这是一份关于了解我公司食堂满意度的问卷，我们希望通过这份问卷，了解您目前对公司食堂的满意度，为我们在今后进一步改善食堂工作中起到帮助。此次调查为不记名调查，我们将对个人情况进行保密，希望您如实填写这份问卷，感谢您的参与！

    一、中晚餐情况调查（单项选择，请在○中打√）

    1. 您每天都在公司食堂就餐吗？　　中晚餐○ 中餐○ 晚餐○ 中餐经常，偶尔晚餐○

    改进的方面：＿＿＿＿＿＿＿＿＿＿＿＿＿＿＿＿＿＿＿＿＿＿

    2. 您觉得厨房菜肴样式如何？　　丰富○ 一般○ 单调○

    改进的方面：＿＿＿＿＿＿＿＿＿＿＿＿＿＿＿＿＿＿＿＿＿＿

    3. 厨房菜肴是否符合您的口味？　　是○ 一般○ 否○

    改进的方面：＿＿＿＿＿＿＿＿＿＿＿＿＿＿＿＿＿＿＿＿＿＿

    4. 厨房饭菜新鲜情况：　　新鲜○ 一般○ 不好○

    改进的方面：＿＿＿＿＿＿＿＿＿＿＿＿＿＿＿＿＿＿＿＿＿＿

5.厨房工人服务态度： 良好○ 一般○ 较差○

改进的方面：＿＿＿＿＿＿＿＿＿＿＿＿＿＿＿＿＿＿＿＿

6.厨工个人卫生情况： 良好○ 一般○ 较差○

改进的方面：＿＿＿＿＿＿＿＿＿＿＿＿＿＿＿＿＿＿＿＿

7.厨房餐具、炊具的卫生情况： 良好○ 一般○ 较差○

改进的方面：＿＿＿＿＿＿＿＿＿＿＿＿＿＿＿＿＿＿＿＿

8.大米质量： 良好○ 一般○ 较差○

9.肉类质量： 良好○ 一般○ 较差○

10.菜类质量:荤、素搭配良好○ 荤素搭配尚可接受○ 荤菜少,素菜多○ 其他○

改进的方面：＿＿＿＿＿＿＿＿＿＿＿＿＿＿＿＿＿＿＿＿

11.您对饭堂的总体印象怎样：满意○ 一般○ 不满意○

改进的方面：＿＿＿＿＿＿＿＿＿＿＿＿＿＿＿＿＿＿＿＿

二、早餐及员工消夜情况调查(单项选择,请在○中打√)？

1.你的早餐在哪里消费？公司食堂以外○ 公司食堂○ 偶尔在公司食堂○

2.你认为公司食堂早餐应在哪些方面改进？ 改进早餐质量○ 增加早餐品种○ 其他○

改进的方面：＿＿＿＿＿＿＿＿＿＿＿＿＿＿＿＿＿＿＿＿

3.你认为公司的加班夜宵如何？ 质量满意,口味好○ 质量、口味一般○ 较差○

4.你认为公司食堂加班夜宵应在哪些方面改进？ 改进质量,增加品种○ 按时开餐,新鲜可口○ 其他○

改进的方面：＿＿＿＿＿＿＿＿＿＿＿＿＿＿＿＿＿＿＿＿

三、整改方案

1.您对公司饭堂较关注：(请在○中打√)

饭菜分量○ 饭菜质量○ 花色、品种○ 卫生情况○ 服务态度○

2.您觉得公司食堂在哪些方面需要改进的？(请在后面○中打√)

饭菜分量○ 饭菜质量(口味)○ 花色、品种○ 卫生情况○ 服务态度○

3.你认为公司食堂应该选择如下哪种方式更适合你？

不再实行承包制○ 实行实名餐票制○ 无所谓,继续承包○ 每星期2～3餐高质量改善餐即可○ 其他方式○

如选其他方式,你认为应该是＿＿＿＿＿＿＿＿＿＿＿＿＿＿＿＿

4.您对搞好公司饭堂及加强监管方面有哪些意见和建议:

库房管理操作规范

一、目的

为杜绝不合格原料进入加工流程,不确保原料符合卫生要求特制定本规范。

二、操作规范

1.入库验收责任人

由食堂主管(包括厨师长)和库管共同验收。

2.验收项目

(1)看:色泽、形状、包装、成分,有效证件(章),有无破损是否有过期和"三无"产品。

(2)嗅:气味。

(3)摸:是否发黏,是否潮湿。

(4)数量:检查实际数量与食堂申报数量是否一致,肉类原料误差范围在2%之内。

3.不合格出处置

(1)让步接收,对无卫生隐患,只是数量(供应商直接送货的肉类原料在允许误差范围之内)或形状规格与申报要求不一致,但不影响菜品质量可酌情扣称处理。

(2)退货:对卫生质量问题的原料实施"一票否决",拒绝入库,并将情况通报采购部。

烹调操作规范

一、目的

为规范厨房操作,确保饭菜口味和卫生质量符合要求,特制定本规范。

二、操作规范

1.卫生规范

(1)厨师在操作过程中,手只可接触烹饪用具的柄、底部和边缘。

(2)焯水或过油后的半成品装入半成品盆内。

（3）试尝菜肴口味时，应将汤汁放在备用的小碗中，尝后将余下的菜汁倒掉，不准倒回锅中。

（4）烹制的菜倒入洁净的熟食盆内离地放置。

（5）加工第二道菜时，一定要将锅清洗干净。

（6）掉落的成品弃之不用。

2.烹调规范

（1）热处理时要快捷迅速（焯水时要注意菜品质地，有计划按顺序焯水或滑油或蒸煮，蔬菜焯水后冷却散热，保持色泽翠绿鲜美）

（2）滑油过油时要掌握油温，不准脱糊，同时要保证操作安全。

（3）挂糊调制要准确，选料要正确，浓度要符合要求，掌握好挂糊调量避免不足或剩余过多，造成浪费。

（4）投放调料必须要准确、有序、适时，调料要清洗无杂质。

（5）火候要根据菜肴的质地和烹调方法的要求，灵活掌握火力大小和时间长短。

（6）烹调时按菜肴的要求及时、快捷的翻搅均匀，防止受热不均造成外糊内生的现象。

（7）保证口味、色泽及菜肴成熟度。

（8）出锅时，防止老化，盛装合理。

消毒的种类和要求

第一条 为了保证工作区，餐具及盛用具洁净无致病菌，不对食品进行污染，制定本规定。

第二条 操作规范

1.用84消毒液消毒

（1）使用保质期内的"84消毒液"，配比浓度1：250。

（2）操作台，用湿抹布清洗蒸箱把手后，用干净抹布沾1：250的84消毒液，每天擦拭消毒一次。

（3）用干净抹布沾1：250的84消毒液，对冰箱（柜）、冷库、留样柜每周擦拭消毒两次。

（4）餐具、盛具、刷子、餐具框、抹布、留样盒及留样用具等清洗后，在浓度为1：250的"84消毒液"中完全浸泡10分钟以上，每餐一次。蒸笼在清洗后，在浓度为1：250的"84消毒液"中完全浸泡10分钟以上，每周一次。

（5）消毒液必须现用现兑，只能使用一次，不能连续使用。

（6）消毒液必须由正规厂家生产，在保质期、有效期内使用。

（7）几种错误的使用方法；

①配置浓度不够，应量出消毒池（桶）的容积做出标记，计算出消毒剂的用量，既保证消毒液的浓度，又便于操作。

②配好的消毒液使用时间过长，84 消毒液主要成分是氧酸，容易挥发，降低消毒效果，所以消毒液必须现用现配，使用时间不允许超出两小时。

③浸泡时间短，浸泡时间必须保持 10 分钟以上，不能只在消毒液中过一下就取出来。

④消毒物品暴露在消毒液外，物品露出部分不能与消毒液接触，起不到消毒目的，必须使物品完全浸泡。

⑤消毒后未把消毒液清洗干净有效氧含量低。

⑥使用热水兑制消毒液。

⑦消毒液与磷性洗涤液同用，消毒液属酸性，磷性洗涤液（如洗洁精等）属磷性，相互中和，起不到消毒效果。

2.煮沸消毒

（1）筷子必须每餐煮沸消毒一次，菜墩、粘板每天煮沸消毒一次。

（2）将物品安全浸泡在沸腾的水中，在水中加入 1％～2％的小苏打，消毒 15 分钟以上。

3.蒸汽消毒

（1）餐具、勺子、筷子、刀、铲子等必须每餐蒸汽消毒一次。

（2）餐具、筷子必须倾斜放置，中间面有缝隙。

（3）从上汽时算起消毒 45 分钟以上。

4.电子消毒柜

（1）餐具、筷子必须倾斜放置，中间面有缝隙。

（2）先烘干，再消毒 30 分钟以上。

（3）消毒后的餐具必须保洁存放，有防蟑螂、防老鼠、防尘措施。

个人卫生标准

第一条：为了规范员工的仪容仪表，统一形象，特定制本标准。

第二条：标准

1.工装（工作服、工作鞋、工作帽）

（1）所有进入工作区的人员必须着工装（包括参观和检查人员）。

(2)下班后或去卫生间及时更换服装。

(3)工装干净整洁,无油垢污物,纽扣无脱落。

2.仪容仪表

(1)头发(胡须、鬓角)。

(2)男员工不准留长发、胡须、大鬓角。

(3)女员工头发不遮眼、后不盖肩,长头发要盘头。

(4)头发干净,无头屑异味。

3.指甲

(1)勤剪指甲。

(2)指甲长度不超过指头肚。

(3)不涂指甲油。

4.女员工均不得佩戴饰物,包括戒指、手镯、手链等。

5.行为;

(1) 工作前、便后及接触不洁物品后,用肥皂流水洗手。

(2)工作时不能抓头、挖耳、抠鼻,不准随地吐痰。

(3)不准对着食品或原料打喷嚏、咳嗽。

菜品留样操作规范

第一条 为使留样规范化,确保留样鉴定客观真实,特制定规范。

第二条 操作规范

(1)留样品种:每日每餐所有供应的品种。

(2)留样限时:48 小时,特殊情况下,未经批准不得处置。

(3)留样设备。

①留样盒(瓶):按实际菜品供给确定留样盒。大小合理、便于盛放样品、便于清洗消毒、一种食品用一个留样盒(瓶)。

②留样冰箱:冰箱专用、温度控制在 4 摄氏度以下、清洁无异味,每周 1∶250 的 84 消毒液擦拭消毒两次。

③留样责任人:由各厂区食堂厨师长专人负责,专人操作。食堂管理员对留样工作承担管理责任。

④留样操作要求:

a.弃除超出留样时间的样品。

b.刷洗留样盒(瓶),保证内外清洁,无残渣,油污。

c.留样盒(瓶)用清水过清两遍。

d. 口朝下,倾斜放置在蒸箱内高温 45 分钟以上,或用 1∶250 的 84 消毒液浸泡 10 分钟以上。

⑤保洁存放。

a. 留样操作前留样人必须用消毒液肥皂流水洗手。

b. 专用匙勺取样,不准接触不洁物品,在留取另一样品时匙勺必须清洗。

c. 手不准触及留样盒的内壁。

d. 在食品分发前取样,如带包装食品应整包留样,不准拆包(瓶)零取(如饮料)。

e. 留样足量:固体 50 克粥汤 100 毫升以上。

f. 自然冷却后密封。

g. 留样人认真填写"留样记录表"。

储藏间存放规范

一、目的

为了确保妥善保管库存原料,特定制本标准。

二、标准

1. 毛菜类

(1)分类上架存放,摆放整齐,标示清楚。

(2)叶菜类、茎菜类松散上架存放。

(3)架上蔬菜无腐烂变质。

(4)收尾后地面干净,无垃圾。

(5)无私人物品存放。

2. 主食调料品库

(1)原料入库后必须放在防鼠台上。

(2)各种原料分类存放,整齐码放,标示清楚。

(3)原料无生虫、无异味、无过期、腐烂、变质、发霉及"三无"产品。

(4)防鼠、防盗、防火措施有效。

(5)出库后,地面清洁无杂物。

(6)无私人物品存放。

3. 杂品库

(1)所有物品分类存放,摆放整齐,标示明显。

(2)无异味。

(3)防鼠,防盗,防火措施有效。

（4）出库后，地面无杂物。

（5）无私人物品存放。

食堂管理流程

食堂管理流程如下图所示。

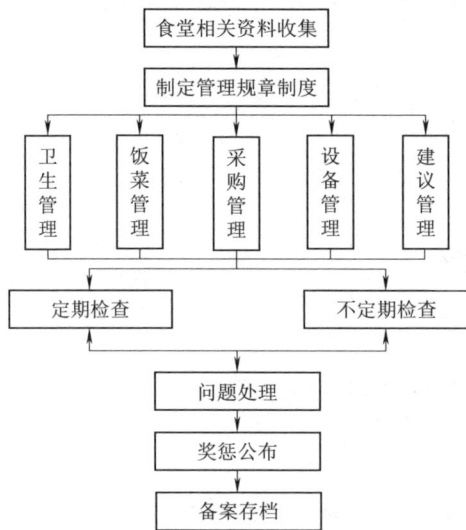

```
┌─────────────┐
│ 食堂相关资料收集 │
└──────┬──────┘
       ↓
┌─────────────┐
│ 制定管理规章制度 │
└──────┬──────┘
```

卫生管理　饭菜管理　采购管理　设备管理　建议管理

定期检查　　　　不定期检查

问题处理

奖惩公布

备案存档

食堂各岗位职责及工作流程

一、食堂管理员岗位职责与工作流程

1. 岗位职责

（1）在总经理办主任领导下全面负责食堂的日常管理工作，带领食堂全体员工完成公司及经理办交给的各项工作任务。

（2）制定食堂工作计划和食堂各项规章制度，并检查落实情况。

（3）认真抓好食堂的饮食、环境、炊事人员个人卫生的管理工作，贯彻执行《食品卫生法》《食品安全法》，公用餐具做到每餐消毒，防止流行疾病和食物中毒事件的发生。认真抓好食堂的安全教育和治安消防工作，经常检查用电、用火、用气、机械设备运行情况，明确岗位责任，发现事故隐患，及时采取措施整改，杜绝各类事故发生；食堂管理员是食堂安全工作第一责任人。

（4）加强食堂员工的教育管理，经常进行业务技能、生产安全的培训，注意发挥和调动员工的积极性。

（5）负责食堂成本核算，努力降低食堂用餐成本，提高用餐质量；增加花样品种、风味特色；以热情周到为全体员工服务作为根本宗旨，不断改进食堂各项管理工作。

(6)做好一般采购工作,严把进货关,坚持从正规单位、正当渠道、以正常价格采购,并落实索证存档制,建立进货登记制度,分类设置采购相关档案。

(7)食堂提供的用餐应注重营养搭配,保持新鲜,严格执行《食品卫生法》及《食品安全法》。

(8)保持食堂内外的环境卫生,要经常对餐具用具进行清洁消毒,多项操作区域要明确分开管理。

(9)指导并监督食堂保管员(兼职)工作,每日定期查看一次主、副食仓库,保证存放食品的仓库干燥、通风,各种防备设施齐全,贮存食品的容器安全、无毒,防止食品污染。不定期抽查入库食品的数量和质量。

(10)认真做好防盗、防火、防毒、用电用气安全,确保食堂各项工作按规范操作。

(11)爱护食堂财产,非正常的损坏或丢失要视其情况追究责任人的赔偿责任。

(12)认真接受卫生、防疫、质监、工商等部门的工作人员对食堂的检查,对检查发现的问题应及时处置。

(13)每年对食堂人员至少进行一次体检,对不符合健康要求的人员,及时调离工作岗位,体检情况要保存记录。

(14)掌握厨房设备、用具的使用情况,制定年度购置计划,报总经理办审核后,上报公司审批。

(15)完成好公司及主管交办的其他工作。

2.工作流程

(1)根据保管员提供的采购清单及库存情况,制定采购计划并实施采购所需物品。

(2)每天对送货单、入库单、出库单、日盈亏表审核签字。

(3)每周四审查食堂下周食谱,周五下午及时报总经理办主管审核后公布。

(4)每日对食堂各工作点至少巡查一次,了解员工的工作及设备运行状况。

(5)随时抽查食堂的饭菜质量和服务质量,抽查饭菜留样及记录。

(6)每两周主持召开一次食堂工作例会,对前段工作进行总结,根据存在问题提出改进意见和做好今后重点工作安排。

(7)每月对食堂的服务态度、操作规程、食品质量、食品卫生、用餐盈亏等进行一次全面小结,并向总经理办主管汇报。

(8)每周日回收查看"意见簿",及时改进工作。

(9)每天下班后检查一遍食堂门窗关锁等安全情况。

（10）做好食堂人员的每天考勤记录。

二、食堂保管员岗位职责与工作流程

1. 岗位职责

（1）负责仓库主副食及其他物资的保管和验收工作，保证在库物资不变质、不霉烂、不损坏、不丢失，发现问题及时汇报。

（2）主动平衡库存物资，及时向管理员提供采购物品的需求信息，防止缺货影响用餐需求。

（3）保证仓库清洁，物资放置有序，标识清楚。

（4）严格出入库手续，并做好出入库物品的验收登记，做到账物相符。先入先出，每月结合盘点清理库存。

（5）仓库食品及餐具等物品一般情况不外借，经管理员签字批准可外借，必须由经手人打借条以防丢失。

（6）注意仓库安全，非工作人员不得随便进入，下班要加锁，做好防盗、防火、防潮、防鼠、防毒工作。

（7）完成上级领导交办的其他工作。

2. 工作流程

（1）根据食谱、就餐人数和库存情况，及时将所需原料的缺库情况，及时汇报给食堂管理员。

（2）对进料先验收，后入库，拒收腐变、过期和无生产厂址的食品。

（3）每天根据食谱用量及食堂管理员签发的"出库单"，办好领料出库手续。

（4）坚持先进货先出库的原则，防止库存品变质。

（5）对入库物品进行上架标识，注明供货方、时间、价格、数量、保质期。

（6）对库存物品做到生、熟、冷、热分类存放。

（7）每天上午做出前一天"食堂出库日耗表"（一式两联）（附出库单）报送食堂管理员。

（8）每周盘库对账一次，做好对账记录，每月 29 日对库存物品盘点一次，编写"食堂食品月盘点表""餐厨具与卫生用品月消耗表"，并报送食堂管理员。

（9）每天对库存物品开窗通风。

三、厨师岗位职责与工作流程

1. 岗位职责

（1）保证全体员工的用餐，主副食要保质保量，花样多，并按时开饭，保证饭菜美味可口。

（2）与食堂其他人员共同承担食堂卫生保洁工作，认真执行《食品卫生法》《食品安全法》，做到食堂窗明几净，一尘不染；餐具清洁，按期消毒；生熟分开；

放置整齐;厨具无油污;个人讲究卫生,做到上班时穿工作服、戴工作帽、戴口罩,不穿工作服上厕所,便后洗手,常修指甲,售卖食品一律用饭夹子等。

（3）做好饭菜试尝、留样工作,安全操作,预防事故和食物中毒。

（4）团结协作,有团队精神。

（5）语言文明,不与员工争吵。

（6）协助制订食谱,搞好员工配餐。

（7）负责工作场所安全及节能工作。

（8）完成领导及管理员交办的临时性工作。

2. 工作流程

（1）收到原料后,做好加工准备。

（2）根据食谱进行制作、熟化;根据菜谱进行粗加工、洗净、烧制。

（3）每天早晨至少提前一小时进行加工制作。早餐后即开始制作午餐,下午按时上班加工制作晚餐。

（4）按食谱（菜谱）加工食品,在加工过程中做到:原料无腐变,严格清洗、选料和配料;食品严格分类摆放;严格按操作规程制作。

（5）保证饭（菜）质量。做到主食不夹生,花样多,菜肴色、香、味俱佳,主（副）食要热（凉食成品除外）。

（6）保证按时开饭。

（7）每次开饭结束后,组织勤杂工清扫现场,擦净设备,并协助回收餐具。

（8）每周五大扫除（夏季每周二、五扫除）。

（9）每日下班前检查操作间内水龙头、电灯、电风扇、空调机开关。

主要卫生区域:炉灶上下、地面、烟罩、各种机械设备、工作台等清洁卫生。

四、帮工（含服务员）岗位职责与工作流程

1. 岗位职责

（1）协助厨师领料。

（2）协助厨师做好主、副食加工。

（3）配合餐厅服务员完成每餐的开饭工作。

（4）完成餐后的厨具回收与清洗。

（5）做好消毒工作。

（6）完成领导交办的临时性工作。

2. 工作流程

（1）协助厨师按照食谱领取主、副食原料。

（2）在厨师的指导下,洗米、和面;择菜、洗菜、切菜、煲汤、蒸饭工作。

（3）每餐前5分钟把主、副食摆到售卖间,备好餐具,站好岗位准备售卖或分发食品。

（4）帮助员工打饭打汤等，避免浪费。

（5）每餐后，按分工擦净桌椅，清扫拖净地面。做好厨具的清洗消毒，对厨具进行整理存放。

（6）把剩余可用饭菜分类放入冷柜。

（7）清扫卫生，即时关闭餐厅及洗消间电灯、风扇、水龙头及其他设备，关好窗户，锁好门。

（8）做好每周大扫除工作。

主要卫生区域：粗加工区、切配区域的地面、工作台、墙壁、地沟、走廊；餐厅餐桌椅、地面、玻璃、墙面的卫生；洗消间内的地面、墙面、设施设备清洁卫生；上下楼梯的卫生；更衣间；门口及食堂周边。

保安管理规章制度

一、目的

公司员工管理、考勤监督，安全、卫生及物资、车辆出入管理。

二、作业内容

（1）保安必须认真学习并熟悉公司的《保安管理规章制度》《考勤管理制度》《车辆管理规定》等公司相关管理制度及通知，自觉遵守并负监督执行的责任。

（2）保安的日常工作主要包括人员及考勤管理、出入管理和厂区安全、卫生等监督管理。

（3）人员及考勤管理：

①辅导员工遵守公司各项规章制度，并制止不法行为的发生，维持工厂秩序。

②公司规定员工上下班出入厂区必须及时打卡，保安负责管理员工上下班的考勤卡。

③保安负责监督员工打卡，禁止代替别人打卡，发现代打卡应及时记录报告人事部。

④因机械故障或其他原因不能打卡的，保安应及时报告人事部，并配合人事部进行相应处理。

⑤上班时间内除公事接洽外，一律谢绝会客。

（4）出入管理：

①员工出入厂区，应佩戴厂牌，对于无厂牌人员，保安可以拒绝进厂。如确实该员工忘带厂牌，保安应记下其姓名并上报行政办可以让其入厂。员工上班

时间外出时,需按规定填妥员工上班外出证明单,保安监督出厂时间,并在员工回厂时注明回厂时间。

②有外来人员来访时,保安人员应先询问其是否有联络人。如有联络人,电话确认后,按联络人员要求予以接待;否则一律请示行政部决定。

③外来人员来访、外来车辆进出一律进行登记。

④节假日加(值)班人员或因事需进办公室及车间、仓库者,需进行登记后进入。

⑤物资出厂时,必须出示物资出门证明,出门证明应由该部门主管出具,并由相关人员签名,凭出门证明单查验无误后放行。

⑥公司员工携带行李、包裹、提箱、大件物品者,应凭行政部开立放行单放行。携带一般随身用品,由保安人员查验后放行。

⑦物资出厂,保安如果有疑问不能抉择时,应及时报告上级。

⑧应管制入厂人、物、车辆,对非本公司人员及客户或未办理入厂手续者,一概不准入厂,并绝对禁止携带的违禁品入厂。

⑨对进入公司的车辆要求停放在指定的位置,做到整齐、美观。

⑩负责对公司各种报刊、信件及邮件的签收,并及时交给收件人。

(5)厂区安全卫生管理:

①除车间及办公区外,保安人员有义务进行安全卫生监督管理。负责对公司监控的查看,并对监控系统进行定期检查和维护保养。

②保安应安排巡逻路线,定时或不定时进行厂区巡逻。深夜当班的人员还必须不定时对厂区各要点及宿舍进行巡查,处理及排除一切安全隐患并做好相关记录。如有下列情况,保安应及时处理,并报告上级部门:

a. 打架斗殴者;

b. 生产车间内吸烟者;

c. 食堂或宿舍区违规用火或用电者;

d. 擅自处理、搬移、损坏公司财物者;

e. 严重影响公司形象、违反公司管理制度的其他行为;

(6)紧急事件的处理。

①发现盗窃时,在以收回失窃物为首要的同时需注意防护个人的人身安全,立即报警并呈请上级处理。

②紧急事件发生时应镇静,以最有效方法将灾害减少至最低限度,不可以慌张误事,视情况按下列程序处理:

a. 判断情况若尚可消除时,应迅速采取行动,报告领导。

b. 如事态有迅速扩大之势,应迅速通报有关单位,请求协助解决。

三、保安工作守则

(1)着装、佩戴齐全,按规定上岗交接班。

(2)认真履行值班登记制度,值班中发生和处理的各种情况在登记簿上进行详细登记,交接班时移交清楚,责任明确。

(3)应服从上级命令,切实执行任务,不得偏袒徇私,损害公司利益。

(4)平时应谨言慎行,执行职务时态度和蔼严正。

(5)对来访客人热情、有礼、耐心询问,维护公司良好形象。

(6)值勤中不得出现擅离职守或酗酒、闲聊、睡觉等失职情况。

(7)应熟记厂内各处之水、电、燃料、开关、门锁及消防器材的地点,以免临急慌乱,对重要的电灯、门窗等有缺损时,应及时上报主管部门处理。

(8)保安应该负责门卫室日常清洁卫生工作,以保持室内清洁整齐美观。

(9)维持厂区内、外周围的环境卫生。

(10)对待同事或来访者,态度恶劣,言行不端者,记大过。

(11)由于保安工作疏忽导致公司财产损失,公司将按照相关规定给予经济处罚。

(12)保安带头违反公司规章制度。造成严重不良影响者,即予解雇。

(13)有未尽事宜者,参照其他规定办理。

保安员绩效考评方案

一、目的

绩效考评的目的是对被考评者进行工作业绩、能力、态度等的定量、定性评价,以鼓励先进、鞭策落后,实现绩效的持续改进,并以绩效考核结果作为员工异动、培训及薪酬变动等的依据。

二、原则

1. 公开性原则

绩效考评标准、考评程序和考评责任都应当有明确的规定并向全体员工公开。

2. 客观性原则

绩效考评应当根据明确规定的考评标准,针对客观考评资料进行评价,尽量避免掺入主观性因素和感情色彩。

3. 差别性原则

考评的等级之间应当有鲜明的差别界限,针对不同的考评结果在工资、晋升、使用等方面应体现明显差别。

4. 时效性原则

考评的结果要及时反馈给被考评者;考评数据要求与考核周期相吻合,而不该将本期之前的行为强加于当期的考评结果中,也不能取近期的绩效和比较突出的一两个成果来代替整个考核期的绩效进行评价。

三、用语的定义

本制度中使用的专业术语定义如下:

1. 绩效考评

绩效考评指考评者对照工作目标或绩效标准,采用一定的考评方法,评定员工的工作任务完成情况、工作职责履行程度和员工的发展情况,并将上述评定结果反馈给员工的过程。绩效考评是绩效考核和评价的总称。

2. 考核周期

指同一考评类型中上一次考评起始与本次考评起始之间间隔的时间段。

四、考核类型

本公司绩效考核分为五类:

考核类型	实施频度	评价时间
月度考核	每月一次	下月上旬
季度考核	每季一次(暂无定式)	每季最后一个月中下旬
年度考核	每年一次(格式不定)	每年十二月
试用期考核	试用期一次	试用期期末
特殊考核	按实际需要	

月度绩效考核按考核绝对成绩换算成绩效等级。

绩效等级按以下规定换算:

等级	S级	A级	B级	C级	D级	E级
分数	100分~150分	90分~99分	80分~89分	70分~79分	60分~69分	60分以下
权数	1	4/5	3/5	2/5	1/5	0

绩效工资按以下公式计算:

$$绩效工资 = 总绩效工资 \times 绩效等级权数$$

五、考评者与被考评者

1. 考评者

评价者含人力资源部、直属上级、次上级三类。

评价者的职责如下：

评价者必须根据日常业务工作中观察到的具体事实作出评价。必须消除对被评价者的好恶感、同情心等偏见，排除对上、对下的各种顾虑，做到公正有据。

不对考核期外和职务工作以外的事实和行为进行评价。

2. 被评价者

被评价者为被纳入评价计划员工。调到毫无工作经验的其他职务工作未满 6 个月者，不进行当年度评价。当年度评价结果可适用调动前最近两年评价结果的平均。

六、考评者训练

(1) 在取得评价资格之前，必须经过考评者训练。

(2) 为了达到以下目的，也必须进行考核者训练。

七、考评结果的运用

考评结果在考核完成后一星期内向被考评者反馈，并与被考评者共同制定下阶段绩效改进计划与方案，本月绩效改进方案附于下月绩效考核表上；

考评结果作为薪资变动、人员异动及培训等的依据；

考评结果分部门、分类别由人力资源部存档，经管理中心总监批准方可查阅，原件不得外借。

八、考评申诉

被考评者若认为考评结果不符合实际情况，可于绩效反馈后 7 个工作日内向直属上级或人力资源部申诉。

保安员绩效考核表

部门	行政管理部	岗位		姓名		考核时间	年　月
考核项目	考核内容			扣分事由	考评者	扣分	
工作态度	1. 出勤：迟到、早退，5 分钟内扣 1 分/次，5～10 分钟扣 2 分/次，10～20 分钟扣 5 分/次，20 分钟以上扣 10 分/次并记为旷工半天；每旷半天扣 10 分。				人力资源部		
	2. 仪表：着装不整、工作相关器具（如对讲机）不按规定摆放，视其情节扣 5 分/次。						

考核项目	考核内容	扣分事由	考评者	扣分
工作态度	3.礼仪:值班未能做到既文明礼貌又严格把关,坐姿、站姿不端正的,视其情节扣1~3分/次。			
	4.工作态度:上班期间不严格遵守保安纪律(如上班闲聊、睡觉),工作散漫无理,不服从队长合理工作安排,对上级要求整改之事项无动于衷,视其情节扣2~5分。			
门卫把关	1.打卡:员工打卡监督不严扣2分/次,代人打卡者扣5分/次			
	2.员工穿戴:不记录上下班不按规定穿厂服、戴厂牌的员工的,扣2分/次			
	3.物品放行:公司物品无放行条外出,公司车辆出入不登记或有放行条而核查不清的扣5分/次,外车辆进入不指示路线的扣5分/次			
	4.外人进入:非本公司人员未经批准或未登记检查进入生产区域、生活区;外宾、客户无本公司陪同人员进入公司生产区域,扣5分/次			
	5.厂区巡查:上夜班不巡查生产区、生活区;对违纪行为、不合格现象视而不见,视其情节扣2~3分/次			
	6.突发事件:员工发生急病或意外事故没有及时采取有效措施并上报的,扣5~10分/次,造成严重后果的扣20分/次			
	7.工作交接:交班时工作交接不清者,视其情节扣2~5分/次			

续上表

考核项目	考核内容	扣分事由	考评者	扣分
安全防范	1. 失窃：机密、机关办公室失窃，扣5分/次			
	2. 紧急情况：当班期间紧急情况没救护，恶劣天气不能自觉坚守岗位的扣5分/次，造成严重后果的扣10分/次			
	3. 安全、消防设施检查、保养不到位，对违纪员工或公司安全、消防隐患不采取适当措施制止上报的，扣5分/次，事情重复发生或情况蔓延的扣10分/次			
治安调节	1. 对员工纠纷事件视而不见的扣5分/次			
	2. 遇斗殴、盗窃等危害公司安全的行为不即时处理、记录的扣10分/次；包庇或隐瞒盗窃事实的扣50分/次，并按公司相关制度处理			
特殊奖惩	1. 绩效有明显改进者，视其情节加1～5分		人力资源部	
	2. 员工投诉视其情节扣1～5分/次			
	3. 尽心尽责阻止公司利益受损者加15分/次		行政管理部	
	4. 为维护公司安全，遇突发事件奋不顾身、拼力抢救者，视其情节加20～30分/次			

备注：分数均以整数给定，即不能以".5"等结尾。